贝克通识文库

李雪涛　主编

善与恶

[德] 安内马丽·彼珀 著

吕晓婷 译

北京出版集团
北京出版社

著作权合同登记号：图字 01-2020-0809

GUT UND BÖSE by Annemarie Pieper, 3rd ed. 2008

© Verlag C.H.Beck oHG, München 2008

图书在版编目（CIP）数据

善与恶 /（德）安内马丽·彼珀
（Annemarie Pieper）著；吕晓婷译 . — 北京：北京出
版社，2023.9

ISBN 978-7-200-16119-9

Ⅰ. ①善… Ⅱ. ①安… ②吕… Ⅲ. ①善恶—研究
Ⅳ. ① B82

中国版本图书馆 CIP 数据核字（2021）第 009187 号

总 策 划：高立志　王忠波　　选题策划：王忠波
责任编辑：王忠波　　　　　　特约编辑：刘　瑶
责任营销：猫　娘　　　　　　责任印制：陈冬梅
装帧设计：吉　辰

善与恶

SHAN YU E

[德] 安内马丽·彼珀　著

吕晓婷　译

出　　版　北京出版集团
　　　　　北 京 出 版 社
地　　址　北京北三环中路 6 号
邮　　编　100120
网　　址　www.bph.com.cn
总 发 行　北京伦洋图书出版有限公司
印　　刷　北京汇瑞嘉合文化发展有限公司
经　　销　新华书店
开　　本　880 毫米 ×1230 毫米　1/32
印　　张　5.875
字　　数　100 千字
版　　次　2023 年 9 月第 1 版
印　　次　2023 年 9 月第 1 次印刷
书　　号　ISBN 978-7-200-16119-9
定　　价　49.00 元

如有印装质量问题，由本社负责调换
质量监督电话　010-58572393

接续启蒙运动的知识传统

——"贝克通识文库"中文版序

一

我们今天与知识的关系，实际上深植于17—18世纪的启蒙时代。伊曼努尔·康德（Immanuel Kant，1724—1804）于1784年为普通读者写过一篇著名的文章《对这个问题的答复：什么是启蒙?》(*Beantwortung der Frage: Was ist Aufklärung?*)，解释了他之所以赋予这个时代以"启蒙"（Aufklärung）的含义：启蒙运动就是人类走出他的未成年状态。不是因为缺乏智力，而是缺乏离开别人的引导去使用智力的决心和勇气！他借用了古典拉丁文学黄金时代的诗人贺拉斯（Horatius，前65—前8）的一句话：Sapere aude！呼吁人们要敢于去认识，要有勇气运用自己的智力。[1]启蒙运动者相信由理性发展而来的知识可

---

1 Cf. Immanuel Kant, *Beantwortung der Frage: Was ist Aufklärung?* In: *Berlinische Monatsschrift*, Bd. 4, 1784, Zwölftes Stück, S. 481–494. Hier S. 481. 中文译文另有：(1) "答复这个问题：'什么是启蒙运动?'"见康德著，何兆武译：《历史理性批判文集》，商务印书馆1990年版 (2020年第11次印刷本，上面有2004年写的"再版译序")，第23—32页。(2) "回答这个问题：什么是启蒙?"见康德著，李秋零主编：《康德著作全集》(第8卷·1781年之后的论文)，中国人民大学出版社2013年版，第39—46页。

以解决人类存在的基本问题，人类历史从此开启了在知识上的启蒙，并进入了现代的发展历程。

启蒙思想家们认为，从理性发展而来的科学和艺术的知识，可以改进人类的生活。文艺复兴以来的人文主义、新教改革、新的宇宙观以及科学的方法，也使得17世纪的思想家相信建立在理性基础之上的普遍原则，从而产生了包含自由与平等概念的世界观。以理性、推理和实验为主的方法不仅在科学和数学领域取得了令人瞩目的成就，也催生了在宇宙论、哲学和神学上运用各种逻辑归纳法和演绎法产生出的新理论。约翰·洛克（John Locke，1632—1704）奠定了现代科学认识论的基础，认为经验以及对经验的反省乃是知识进步的来源；伏尔泰（Voltaire，1694—1778）发展了自然神论，主张宗教宽容，提倡尊重人权；康德则在笛卡尔理性主义和培根的经验主义基础之上，将理性哲学区分为纯粹理性与实践理性。至18世纪后期，以德尼·狄德罗（Denis Diderot，1713—1784）、让-雅克·卢梭（Jean-Jacques Rousseau，1712—1778）等人为代表的百科全书派的哲学家，开始致力于编纂《百科全书》（*Encyclopédie*）——人类历史上第一部致力于科学、艺术的现代意义上的综合性百科全书，其条目并非只是"客观"地介绍各种知识，而是在介绍知识的同时，夹叙夹议，议论时政，这些特征正体现了启蒙时代的现代性思维。第一卷开始时有一幅人类知识领域的示意图，这也是第一次从现代科学意义上对所有人类知识进行分类。

实际上，今天的知识体系在很大程度上可以追溯到启蒙时代以实证的方式对以往理性知识的系统性整理，而其中最重要的突破包括：卡尔·冯·林奈（Carl von Linné，1707—1778）的动植物分类及命名系统、安托万·洛朗·拉瓦锡（Antoine-Laurent Lavoisier，1743—1794）的化学系统以及测量系统。[1]这些现代科学的分类方法、新发现以及度量方式对其他领域也产生了决定性的影响，并发展出一直延续到今天的各种现代方法，同时为后来的民主化和工业化打下了基础。启蒙运动在18世纪影响了哲学和社会生活的各个知识领域，在哲学、科学、政治、以现代印刷术为主的传媒、医学、伦理学、政治经济学、历史学等领域都有新的突破。如果我们看一下19世纪人类在各个方面的发展的话，知识分类、工业化、科技、医学等，也都与启蒙时代的知识建构相关。[2]

由于启蒙思想家们的理想是建立一个以理性为基础的社会，提出以政治自由对抗专制暴君，以信仰自由对抗宗教压迫，以天赋人权来反对君权神授，以法律面前人人平等来反对贵族的等级特权，因此他们采用各民族国家的口语而非书面的拉丁语进行沟通，形成了以现代欧洲语言为主的知识圈，并创

---

1 Daniel R. Headrick, *When Information Came of Age: Technologies of Knowledge in the Age of Reason and Revolution, 1700-1850*. Oxford University Press, 2000, p. 246.

2 Cf. Jürgen Osterhammel, *Die Verwandlung der Welt: Eine Geschichte des 19. Jahrhunderts*. München: Beck, 2009.

造了一个空前的多语欧洲印刷市场。[1]后来《百科全书》开始发行更便宜的版本，除了知识精英之外，普通人也能够获得。历史学家估计，在法国大革命前，就有两万多册《百科全书》在法国及欧洲其他地区流传，它们成为向大众群体进行启蒙及科学教育的媒介。[2]

从知识论上来讲，17世纪以来科学革命的结果使得新的知识体系逐渐取代了传统的亚里士多德的自然哲学以及克劳迪亚斯·盖仑（Claudius Galen，约129—200）的体液学说（Humorism），之前具有相当权威的炼金术和占星术自此失去了权威。到了18世纪，医学已经发展为相对独立的学科，并且逐渐脱离了与基督教的联系："在（当时的）三位外科医生中，就有两位是无神论者。"[3]在地图学方面，库克（James Cook，1728—1779）船长带领船员成为首批登陆澳大利亚东岸和夏威夷群岛的欧洲人，并绘制了有精确经纬度的地图，他以艾萨克·牛顿（Isaac Newton，1643—1727）的宇宙观改变了地理制图工艺及方法，使人们开始以科学而非神话来看待地理。这一时代除了用各式数学投影方法制作的精确地图外，制

1　Cf. Jonathan I. Israel, *Radical Enlightenment: Philosophy and the Making of Modernity 1650-1750*. Oxford University Press, 2001, p. 832.

2　Cf. Robert Darnton, *The Business of Enlightenment: A Publishing History of the Encyclopédie, 1775-1800*. Harvard University Press, 1979, p. 6.

3　Ole Peter Grell, Dr. Andrew Cunningham, *Medicine and Religion in Enlightenment Europe*. Ashgate Publishing, Ltd. , 2007, p. 111.

图学也被应用到了天文学方面。

正是借助于包括《百科全书》、公共图书馆、期刊等传播媒介，启蒙知识得到了迅速的传播，同时也塑造了现代学术的形态以及机构的建制。有意思的是，自启蒙时代出现的现代知识从开始阶段就是以多语的形态展现的：以法语为主，包括了荷兰语、英语、德语、意大利语等，它们共同构成了一个跨越国界的知识社群——文人共和国（Respublica Literaria）。

当代人对于知识的认识依然受启蒙运动的很大影响，例如多语种读者可以参与互动的维基百科（Wikipedia）就是从启蒙的理念而来："我们今天所知的《百科全书》受到18世纪欧洲启蒙运动的强烈影响。维基百科拥有这些根源，其中包括了解和记录世界所有领域的理性动力。"[1]

二

1582年耶稣会传教士利玛窦（Matteo Ricci，1552—1610）来华，标志着明末清初中国第一次规模性地译介西方信仰和科学知识的开始。利玛窦及其修会的其他传教士入华之际，正值欧洲文艺复兴如火如荼进行之时，尽管囿于当时天主教会的意

---

1 Cf. Phoebe Ayers, Charles Matthews, Ben Yates, *How Wikipedia Works: And How You Can Be a Part of It.* No Starch Press, 2008, p. 35.

识形态，但他们所处的时代与中世纪迥然不同。除了神学知识外，他们译介了天文历算、舆地、水利、火器等原理。利玛窦与徐光启（1562—1633）共同翻译的《几何原本》前六卷有关平面几何的内容，使用的底本是利玛窦在罗马的德国老师克劳（Christopher Klau/Clavius，1538—1612，由于他的德文名字Klau是钉子的意思，故利玛窦称他为"丁先生"）编纂的十五卷本。[1]克劳是活跃于16—17世纪的天主教耶稣会士，其在数学、天文学等领域建树非凡，并影响了包括伽利略、笛卡尔、莱布尼茨等科学家。曾经跟随伽利略学习过物理学的耶稣会士邓玉函 [Johann(es) Schreck/Terrenz or Terrentius，1576—1630] 在赴中国之前，与当时在欧洲停留的金尼阁（Nicolas Trigault，1577—1628）一道，"收集到不下七百五十七本有关神学的和科学技术的著作；罗马教皇自己也为今天在北京还很著名、当年是耶稣会士图书馆的'北堂'捐助了大部分的书籍"。[2]其后邓玉函在给伽利略的通信中还不断向其讨教精确计算日食和月食的方法，此外还与中国学者王徵（1571—1644）合作翻译《奇器图说》（1627），并且在医学方面也取得了相当大的成就。邓玉函曾提出过一项规模很大的有关数学、几何

---

1 *Euclides Elementorum Libri XV,* Rom 1574.

2 蔡特尔著，孙静远译：《邓玉函，一位德国科学家、传教士》，载《国际汉学》，2012年第1期，第38—87页，此处见第50页。

学、水力学、音乐、光学和天文学（1629）的技术翻译计划，[1]由于他的早逝，这一宏大的计划没能得以实现。

在明末清初的一百四十年间，来华的天主教传教士有五百人左右，他们当中有数学家、天文学家、地理学家、内外科医生、音乐家、画家、钟表机械专家、珐琅专家、建筑专家。这一时段由他们译成中文的书籍多达四百余种，涉及的学科有宗教、哲学、心理学、论理学、政治、军事、法律、教育、历史、地理、数学、天文学、测量学、力学、光学、生物学、医学、药学、农学、工艺技术等。[2]这一阶段由耶稣会士主导的有关信仰和科学知识的译介活动，主要涉及中世纪至文艺复兴时期的知识，也包括文艺复兴以后重视经验科学的一些近代科学和技术。

尽管耶稣会的传教士们在17—18世纪的时候已经向中国的知识精英介绍了欧几里得几何学和牛顿物理学的一些基本知识，但直到19世纪50—60年代，才在伦敦会传教士伟烈亚力（Alexander Wylie，1815—1887）和中国数学家李善兰（1811—1882）的共同努力下补译完成了《几何原本》的后九卷；同样是李善兰、傅兰雅（John Fryer，1839—1928）和伟烈亚力将牛

1　蔡特尔著，孙静远译：《邓玉函，一位德国科学家、传教士》，载《国际汉学》，2012年第1期，第58页。

2　张晓编著：《近代汉译西学书目提要：明末至1919》，北京大学出版社2012年版，"导论"第6、7页。

顿的《自然哲学的数学原理》(*Philosophiae Naturalis Principia Mathematica*，1687) 第一编共十四章译成了汉语——《奈端数理》(1858—1860)。[1]正是在这一时期，新教传教士与中国学者密切合作开展了大规模的翻译项目，将西方大量的教科书——启蒙运动以后重新系统化、通俗化的知识——翻译成了中文。

1862年清政府采纳了时任总理衙门首席大臣奕䜣（1833—1898）的建议，创办了京师同文馆，这是中国近代第一所外语学校。开馆时只有英文馆，后增设了法文、俄文、德文、东文诸馆，其他课程还包括化学、物理、万国公法、医学生理等。1866年，又增设了天文、算学课程。后来清政府又仿照同文馆之例，在与外国人交往较多的上海设立上海广方言馆，广州设立广州同文馆。曾大力倡导"中学为体，西学为用"的洋务派主要代表人物张之洞（1837—1909）认为，作为"用"的西学有西政、西艺和西史三个方面，其中西艺包括算、绘、矿、医、声、光、化、电等自然科学技术。

根据《近代汉译西学书目提要：明末至1919》的统计，从明末到1919年的总书目为五千一百七十九种，如果将四百余种明末到清初的译书排除，那么晚清至1919年之前就有四千七百多种汉译西学著作出版。梁启超（1873—1929）在

1　1882年，李善兰将译稿交由华蘅芳校订至1897年，译稿后遗失。万兆元、何琼辉：《牛顿〈原理〉在中国的译介与传播》，载《中国科技史杂志》第40卷，2019年第1期，第51—65页，此处见第54页。

1896年刊印的三卷本《西学书目表》中指出："国家欲自强，以多译西书为本；学者欲自立，以多读西书为功。"[1]书中收录鸦片战争后至1896年间的译著三百四十一种，梁启超希望通过《读西学书法》向读者展示西方近代以来的知识体系。

　　不论是在精神上，还是在知识上，中国近代都没有继承好启蒙时代的遗产。启蒙运动提出要高举理性的旗帜，认为世间的一切都必须在理性法庭面前接受审判，不仅倡导个人要独立思考，也主张社会应当以理性作为判断是非的标准。它涉及宗教信仰、自然科学理论、社会制度、国家体制、道德体系、文化思想、文学艺术作品理论与思想倾向等。从知识论上来讲，从1860年至1919年"五四"运动爆发，受西方启蒙的各种自然科学知识被系统地介绍到了中国。大致说来，这些是14—18世纪科学革命和启蒙运动时期的社会科学和自然科学的知识。在社会科学方面包括了政治学、语言学、经济学、心理学、社会学、人类学等学科，而在自然科学方面则包含了物理学、化学、地质学、天文学、生物学、医学、遗传学、生态学等学科。按照胡适（1891—1962）的观点，新文化运动和"五四"运动应当分别来看待：前者重点在白话文、文学革命、西化与反传统，是一场类似文艺复兴的思想与文化的革命，而后者主

1　梁启超：《西学书目表·序例》，收入《饮冰室合集》，中华书局1989年版，第123页。

要是一场政治革命。根据王锦民的观点，"新文化运动很有文艺复兴那种热情的、进步的色彩；而接下来的启蒙思想的冷静、理性和批判精神，新文化运动中也有，但是发育得不充分，且几乎被前者遮蔽了"。[1] "五四"运动以来，中国接受了尼采等人的学说。"在某种意义上说，近代欧洲启蒙运动的思想成果，理性、自由、平等、人权、民主和法制，正是后来的'新'思潮力图摧毁的对象"。[2] 近代以来，中华民族的确常常遭遇生死存亡的危局，启蒙自然会受到充满革命热情的救亡的排挤，而需要以冷静的理性态度来对待的普遍知识，以及个人的独立人格和自由不再有人予以关注。因此，近代以来我们并没有接受一个正常的、完整的启蒙思想，我们一直以来所拥有的仅仅是一个"半启蒙状态"。今天我们重又生活在一个思想转型和社会巨变的历史时期，迫切需要全面地引进和接受一百多年来的现代知识，并在思想观念上予以重新认识。

　　1919年新文化运动的时候，我们还区分不了文艺复兴和启蒙时代的思想，但日本的情况则完全不同。日本近代以来对"南蛮文化"的摄取，基本上是欧洲中世纪至文艺复兴时期的"西学"，而从明治维新以来对欧美文化的摄取，则是启蒙

---

1 王锦民：《新文化运动百年随想录》，见李雪涛等编《合璧西中——庆祝顾彬教授七十寿辰文集》，外语教学与研究出版社2016年版，第282—295页，此处见第291页。

2 同上。

时代以来的西方思想。特别是在第二个阶段，他们做得非常彻底。[1]

三

罗素在《西方哲学史》的"绪论"中写道："一切确切的知识——我是这样主张的——都属于科学，一切涉及超乎确切知识之外的教条都属于神学。但是介乎神学与科学之间还有一片受到双方攻击的无人之域；这片无人之域就是哲学。"[2]康德认为，"只有那些其确定性是无可置疑的科学才能成为本真意义上的科学；那些包含经验确定性的认识（Erkenntnis），只是非本真意义上所谓的知识（Wissen），因此，系统化的知识作为一个整体可以称为科学（Wissenschaft），如果这个系统中的知识存在因果关系，甚至可以称之为理性科学（Rationale Wissenschaft）"。[3]在德文中，科学是一种系统性的知识体系，是对严格的确定性知识的追求，是通过批判、质疑乃至论证而对知识的内在固有理路即理性世界的探索过程。科学方法有别

1 家永三郎著，靳丛林等译：《外来文化摄取史论——近代西方文化摄取思想史的考察》，大象出版社2017年版。

2 罗素著，何兆武、李约瑟译：《西方哲学史》（上卷），商务印书馆1963年版，第11页。

3 Immanuel Kant, *Metaphysische Anfangsgründe der Naturwissenschaft*. Riga: bey Johann Friedrich Hartknoch, 1786. S. V-VI.

于较为空泛的哲学，它既要有客观性，也要有完整的资料文件以供佐证，同时还要由第三者小心检视，并且确认该方法能重制。因此，按照罗素的说法，人类知识的整体应当包括科学、神学和哲学。

在欧洲，"现代知识社会"（Moderne Wissensgesellschaft）的形成大概从近代早期一直持续到了1820年。[1]之后便是知识的传播、制度化以及普及的过程。与此同时，学习和传播知识的现代制度也建立起来了，主要包括研究型大学、实验室和人文学科的研讨班（Seminar）。新的学科名称如生物学（Biologie）、物理学（Physik）也是在1800年才开始使用；1834年创造的词汇"科学家"（scientist）使之成为一个自主的类型，而"学者"（Gelehrte）和"知识分子"（Intellekturlle）也是19世纪新创的词汇。[2]现代知识以及自然科学与技术在形成的过程中，不断通过译介的方式流向欧洲以外的世界，在诸多非欧洲的区域为知识精英所认可、接受。今天，历史学家希望运用全球史的方法，祛除欧洲中心主义的知识史，从而建立全球知识史。

本学期我跟我的博士生们一起阅读费尔南·布罗代尔

---

1 Cf. Richard van Dülmen, Sina Rauschenbach (Hg.), *Macht des Wissens: Die Entstehung der Modernen Wissensgesellschaft*. Köln: Böhlau Verlag, 2004.

2 Cf. Jürgen Osterhammel, *Die Verwandlung der Welt: Eine Geschichte des 19. Jahrhunderts*. München: Beck, 2009. S. 1106.

(Fernand Braudel，1902—1985）的《地中海与菲利普二世时代的地中海世界》(*La Méditerranée et le Monde méditerranéen à l'époque de Philippe II*，1949）一书。[1]在"边界：更大范围的地中海"一章中，布罗代尔并不认同一般地理学家以油橄榄树和棕榈树作为地中海的边界的看法，他指出地中海的历史就像是一个磁场，吸引着南部的北非撒哈拉沙漠、北部的欧洲以及西部的大西洋。在布罗代尔看来，距离不再是一种障碍，边界也成为相互连接的媒介。[2]

　　发源于欧洲文艺复兴时代末期，并一直持续到18世纪末的科学革命，直接促成了启蒙运动的出现，影响了欧洲乃至全世界。但科学革命通过学科分类也影响了人们对世界的整体认识，人类知识原本是一个复杂系统。按照法国哲学家埃德加·莫兰（Edgar Morin，1921— ）的看法，我们的知识是分离的、被肢解的、箱格化的，而全球纪元要求我们把任何事情都定位于全球的背景和复杂性之中。莫兰引用布莱兹·帕斯卡（Blaise Pascal，1623—1662）的观点："任何事物都既是结果又是原因，既受到作用又施加作用，既是通过中介而存在又是直接存在的。所有事物，包括相距最遥远的和最不相同的事物，都被一种自然的和难以觉察的联系维系着。我认为不认识

1　布罗代尔著，唐家龙、曾培耿、吴模信译：《地中海与菲利普二世时代的地中海世界》（全二卷），商务印书馆2013年版。

2　同上书，第245—342页。

整体就不可能认识部分，同样地，不特别地认识各个部分也不可能认识整体。"[1]莫兰认为，一种恰切的认识应当重视复杂性（complexus）——意味着交织在一起的东西：复杂的统一体如同人类和社会都是多维度的，因此人类同时是生物的、心理的、社会的、感情的、理性的；社会包含着历史的、经济的、社会的、宗教的等方面。他举例说明，经济学领域是在数学上最先进的社会科学，但从社会和人类的角度来说它有时是最落后的科学，因为它抽去了与经济活动密不可分的社会、历史、政治、心理、生态的条件。[2]

四

　　贝克出版社（C. H. Beck Verlag）至今依然是一家家族产业。1763年9月9日卡尔·戈特洛布·贝克（Carl Gottlob Beck，1733—1802）在距离慕尼黑一百多公里的讷德林根（Nördlingen）创立了一家出版社，并以他儿子卡尔·海因里希·贝克（Carl Heinrich Beck，1767—1834）的名字来命名。在启蒙运动的影响下，戈特洛布出版了讷德林根的第一份报纸与关于医学和自然史、经济学和教育学以及宗教教育

1　转引自莫兰著，陈一壮译：《复杂性理论与教育问题》，北京大学出版社2004年版，第26页。

2　同上书，第30页。

的文献汇编。在第三代家族成员奥斯卡·贝克（Oscar Beck，1850—1924）的带领下，出版社于1889年迁往慕尼黑施瓦宾（München-Schwabing），成功地实现了扩张，其总部至今仍设在那里。在19世纪，贝克出版社出版了大量的神学文献，但后来逐渐将自己的出版范围限定在古典学研究、文学、历史和法律等学术领域。此外，出版社一直有一个文学计划。在第一次世界大战期间的1917年，贝克出版社独具慧眼地出版了瓦尔特·弗莱克斯（Walter Flex，1887—1917）的小说《两个世界之间的漫游者》（*Der Wanderer zwischen beiden Welten*），这是魏玛共和国时期的一本畅销书，总印数达一百万册之多，也是20世纪最畅销的德语作品之一。[1]目前出版社依然由贝克家族的第六代和第七代成员掌管。2013年，贝克出版社庆祝了其

---

1 第二次世界大战后，德国汉学家福兰阁（Otto Franke，1862—1946）出版《两个世界的回忆——个人生命的旁白》（*Erinnerungen aus zwei Welten: Randglossen zur eigenen Lebensgeschichte*. Berlin: De Gruyter, 1954.）。作者在1945年的前言中解释了他所认为的"两个世界"有三层含义：第一，作为空间上的西方和东方的世界；第二，作为时间上的19世纪末和20世纪初的德意志工业化和世界政策的开端，与20世纪的世界；第三，作为精神上的福兰阁在外交实践活动和学术生涯的世界。这本书的书名显然受到《两个世界之间的漫游者》的启发。弗莱克斯的这部书是献给1915年阵亡的好友恩斯特·沃切（Ernst Wurche）的；他是"我们德意志战争志愿军和前线军官的理想，也是同样接近两个世界：大地和天空、生命和死亡的新人和人类向导"。（Wolfgang von Einsiedel, Gert Woerner, *Kindlers Literatur Lexikon,* Band 7, Kindler Verlag, München 1972.）见福兰阁的回忆录中文译本，福兰阁著，欧阳甦译：《两个世界的回忆——个人生命的旁白》，社会科学文献出版社2014年版。

成立二百五十周年。

1995年开始，出版社开始策划出版"贝克通识文库"（C.H.Beck Wissen），这是"贝克丛书系列"（Beck'schen Reihe）中的一个子系列，旨在为人文和自然科学最重要领域提供可靠的知识和信息。由于每一本书的篇幅不大——大部分都在一百二十页左右，内容上要做到言简意赅，这对作者提出了更高的要求。"贝克通识文库"的作者大都是其所在领域的专家，而又是真正能做到"深入浅出"的学者。"贝克通识文库"的主题包括传记、历史、文学与语言、医学与心理学、音乐、自然与技术、哲学、宗教与艺术。到目前为止，"贝克通识文库"已经出版了五百多种书籍，总发行量超过了五百万册。其中有些书已经是第8版或第9版了。新版本大都经过了重新修订或扩充。这些百余页的小册子，成为大学，乃至中学重要的参考书。由于这套丛书的编纂开始于20世纪90年代中叶，因此更符合我们现今的时代。跟其他具有一两百年历史的"文库"相比，"贝克通识文库"从整体知识史研究范式到各学科，都经历了巨大变化。我们首次引进的三十多种图书，以科普、科学史、文化史、学术史为主。以往文库中专注于历史人物的政治史、军事史研究，已不多见。取而代之的是各种普通的知识，即便是精英，也用新史料更多地探讨了这些"巨人"与时代的关系，并将之放到了新的脉络中来理解。

我想大多数曾留学德国的中国人，都曾购买过罗沃尔特出版社出版的"传记丛书"（Rowohlts Monographien），以及"贝克通识文库"系列的丛书。去年年初我搬办公室的时候，还整理出十几本这一系列的丛书，上面还留有我当年做过的笔记。

五

作为启蒙时代思想的代表之作，《百科全书》编纂者最初的计划是翻译1728年英国出版的《钱伯斯百科全书》（*Cyclopaedia: or, An Universal Dictionary of Arts and Sciences*），但以狄德罗为主编的启蒙思想家们以"改变人们思维方式"为目标，[1]更多地强调理性在人类知识方面的重要性，因此更多地主张由百科全书派的思想家自己来撰写条目。

今天我们可以通过"绘制"（mapping）的方式，考察自19世纪60年代以来学科知识从欧洲被移接到中国的记录和流传的方法，包括学科史、印刷史、技术史、知识的循环与传播、迁移的模式与转向。[2]

徐光启在1631年上呈的《历书总目表》中提出："欲求超

1　Lynn Hunt, Christopher R. Martin, Barbara H. Rosenwein, R. Po-chia Hsia, Bonnie G. Smith, *The Making of the West: Peoples and Cultures, A Concise History,* Volume II: Since 1340. Bedford/St. Martin's, 2006, p. 611.

2　Cf. Lieven D'hulst, Yves Gambier (eds.), *A History of Modern Translation Knowledge: Source, Concepts, Effects.* Amsterdam: John Benjamins, 2018.

胜，必须会通，会通之前，先须翻译。"[1]翻译是基础，是与其他民族交流的重要工具。"会通"的目的，就是让中西学术成果之间相互交流，融合与并蓄，共同融汇成一种人类知识。也正是在这个意义上，才能提到"超胜"：超越中西方的前人和学说。徐光启认为，要继承传统，又要"不安旧学"；翻译西法，但又"志求改正"。[2]

近代以来中国对西方知识的译介，实际上是在西方近代学科分类之上，依照一个复杂的逻辑系统对这些知识的重新界定和组合。在过去的百余年中，席卷全球的科学技术革命无疑让我们对于现代知识在社会、政治以及文化上的作用产生了认知上的转变。但启蒙运动以后从西方发展出来的现代性的观念，也导致欧洲以外的知识史建立在了现代与传统、外来与本土知识的对立之上。与其投入大量的热情和精力去研究这些"二元对立"的问题，我以为更迫切的是研究者要超越对于知识本身的研究，去甄别不同的政治、社会以及文化要素究竟是如何参与知识的产生以及传播的。

此外，我们要抛弃以往西方知识对非西方的静态、单一方向的影响研究。其实无论是东西方国家之间，抑或是东亚国家之间，知识的迁移都不是某一个国家施加影响而另一个国家则完全

---

1 见徐光启、李天经等撰，李亮校注：《治历缘起》（下），湖南科学技术出版社 2017年版，第845页。

2 同上。

被动接受的过程。第二次世界大战以后对于殖民地及帝国环境下的历史研究认为，知识会不断被调和，在社会层面上被重新定义、接受，有的时候甚至会遭到排斥。由于对知识的接受和排斥深深根植于接收者的社会和文化背景之中，因此我们今天需要采取更好的方式去重新理解和建构知识形成的模式，也就是将研究重点从作为对象的知识本身转到知识传播者身上。近代以来，传教士、外交官、留学生、科学家等都曾为知识的转变和迁移做出过贡献。无论是某一国内还是国家间，无论是纯粹的个人，还是由一些参与者、机构和知识源构成的网络，知识迁移必然要借助于由传播者所形成的媒介来展开。通过这套新时代的"贝克通识文库"，我希望我们能够超越单纯地去定义什么是知识，而去尝试更好地理解知识的动态形成模式以及知识的传播方式。同时，我们也希望能为一个去欧洲中心主义的知识史做出贡献。对于今天的我们来讲，更应当从中西古今的思想观念互动的角度来重新审视一百多年来我们所引进的西方知识。

知识唯有进入教育体系之中才能持续发挥作用。尽管早在1602年利玛窦的《坤舆万国全图》就已经由太仆寺少卿李之藻（1565—1630）绘制完成，但在利玛窦世界地图刊印三百多年后的1886年，尚有中国知识分子问及"亚细亚""欧罗巴"二名，谁始译之。[1]而梁启超1890年到北京参加会考，回粤途经

---

1 洪业：《考利玛窦的世界地图》，载《洪业论学集》，中华书局1981年版，第150—192页，此处见第191页。

上海，买到徐继畬（1795—1873）的《瀛环志略》（1848）方知世界有五大洲！

　　近代以来的西方知识通过译介对中国产生了巨大的影响，中国因此发生了翻天覆地的变化。一百多年后的今天，我们组织引进、翻译这套"贝克通识文库"，是在"病灶心态""救亡心态"之后，做出的理性选择，中华民族蕴含生生不息的活力，其原因就在于不断从世界文明中汲取养分。尽管这套丛书的内容对于中国读者来讲并不一定是新的知识，但每一位作者对待知识、科学的态度，依然值得我们认真对待。早在一百年前，梁启超就曾指出："……相对地尊重科学的人，还是十个有九个不了解科学的性质。他们只知道科学研究所产生的结果的价值，而不知道科学本身的价值，他们只有数学、几何学、物理学、化学等概念，而没有科学的概念。"[1]这套读物的定位是具有中等文化程度及以上的读者，我们认为只有启蒙以来的知识，才能真正使大众的思想从一种蒙昧、狂热以及其他荒谬的精神枷锁之中解放出来。因为我们相信，通过阅读而获得独立思考的能力，正是启蒙思想家们所要求的，也是我们这个时代必不可少的。

李雪涛

2022 年 4 月于北京外国语大学历史学院

---

[1] 梁启超：《科学精神与东西文化》（8 月 20 日在南通为科学社年会讲演），载《科学》第 7 卷，1922 年第 9 期，第 859—870 页，此处见第 861 页。

目　录

引　言

恶已经声势浩大，因为它使人着迷——黑弥撒和撒旦崇拜
正流行，而善却由于它的不显眼和理所当然几乎已经披上了一
层无聊的外衣。当某个人被称为善人的时候，人们就会把他推
到圣人的位置上，虽然嘴上不说，但是心里也都猜测，这个人
一定是有点不切实际的，即使根本就没有一扇门将他与现实生
活阻隔开来。而且人们也始终会猜疑，善的背后隐藏着它的对
立面，也就是恶。恶有无数种，其中一种就是利用善来伪装，
目的是让恶的声势更浩大。就比如说，有些人表面上过着稳
定、体面的生活，有一天却被揭露出是罪犯，这样的例子并不
在少数。

在贝托尔特·布莱希特（Bertolt Brecht）的《四川好人》
剧本中，情况则与之不同。主角沈德，不得不以表兄崔达的形
象来伪装恶人，以此让她的善业继续经营下去。出于对众人的
爱，她认为，自己有必要不时地扮演一下利欲熏心、牟取暴利
的坏人角色。否则的话，她就不能筹集到钱去帮助那些有需
要的人。文学中有一系列这样的英雄，他们出于善意充当高尚
的复仇者或者是被压迫者的辩护人，与此同时，他们也不择手
段：从罗宾汉一直到蝙蝠侠和佐罗都是如此。但是他们始终都
被认作是善者——以公正之名在一个彻头彻尾邪恶的世界中行

恶的善者。

　　或许，甚至是上帝都需要恶魔作伪装，以便让他的善意行之有效，如果没有恶的对比，人们也是意识不到善的。只要恶魔真实地出现在人们面前，那么人类就会知道，恶魔就像沈德的表兄一样，并不是上帝之外的一个独立个体，而是上帝本身，他蛊惑人类行恶从而使人注意到，无论如何其实更可取的是善。毫无疑问，一个永远心中向善却始终行恶的鬼神，这当然并不符合基督教的思想。但在另一方面，上帝对世界终结和世上恶事负有部分责任，这也恰好充实了本身并不充分的原罪（Sündenfall）理论，该理论将所有的罪都归结到人类自身上。

　　既然善作为一个熠熠生辉的榜样，却并不使人着迷，我们不禁思忖，恶的吸引力又是从何而来的呢？是冒险精神和危险诱使着人去行恶吗？还是说这是一种极端形式的力量需求呢？这种需求在有序的社会环境下根本无处容身——这和詹姆斯·邦德的反面角色一样，"诺博士"一次又一次地复活，为了拥有强大的消灭能力来统治这个世界。

　　恶似乎与一种极端的意愿有关联，它不满足于善愿，这并非是因为善举的默默无闻，而是因为它致力于制定集体规则，并且适用于其中的每个人，无论他们的个性如何。想作恶的人，是想变得独一无二、不被混淆，成为一个激进的个人主义者，他会为了自己"非同寻常"的兴趣爱好，而在周遭环境和自己的同胞身上进行试验，与此同时却毫不关心这些任他摆布者的幸福。

上述是恶令人着迷的巧妙之处，它的另一个极端，便是汉娜·阿伦特（Hannah Arendt）所说的"平庸之恶"。阿伦特在耶路撒冷对阿道夫·艾希曼（Adolf Eichmann）的审判进行了跟踪报道，艾希曼完全没有表现出一个恶贯满盈的刽子手的样子，人们无法由他联想到一个极端残暴的屠杀犹太人的罪犯。此人身上的可怕之处就在于他的平庸中掺杂着近乎愚蠢的市侩习气。缺乏判断力导致他对不公的认识不足。任何一个将交互结构看作是等级架构并且将自己仅仅视为接受命令者的人，都必须履行自己的义务和责任（Verantwortung）——有效，甚至完美地执行上级的命令，而不必考虑自己所行之事是否合理或者符合道德。这样的权力差距会对下层阶级产生压力，并使之被人利用，但同时也使他们摆脱了为自己辩解的义务，因为自己的行为是受他人支配的。对于希特勒的"志愿行刑者"（Goldhagen）来说，自我意愿是他们得不到的奢侈品，由于他们囿于臣服思想，独立思考和自主行为毫无容身之处。平庸之恶并非是命中注定的，而是"自我招致的不成熟"（康德）所造成的，因此是情有可原的。唯命是从的人，已经被他人利用了，因而也就有意放弃了做出自我判断的应有权利。

对于权高位重——位于等级制度的顶端者以及滥用权力行恶的人，人们对他们的态度也变了。现如今，对希特勒的抨击与纳粹时期群众对他的崇拜形成强烈的对比，当时人们把他看作是救世主，对待他杀戮犹太人的暴行或者是表示赞同，采取容忍的态度，或者是视而不见。把希特勒解读成一个偏执狂或者是把他的性格归因于精神上和心理上的畸形——这是否有益于我们的理解，似乎是很有争议的。我们总是试着证明罪犯大脑异常或者是他们的基因有缺陷，而所有的这些尝试最终无非是表明了自己的束手无策，面对那些讥讽集体价值（Werte）和准则（Normen），甚至基本人权（Menschenrechte）的行为方式，我们只是感到无能为力。因为这超乎我们想象，有人会在充分意识到恶的情况下仍然选择去作恶。另一方面，侦探小说以及电视上的犯罪片日趋火热，它们表明，书中或者是屏幕上的恶有着各种能给我们带来满足的形式。虽然这并不值当人们去犯罪，但是越复杂的杀人行为，带来的惊悚效果也就令人越愉悦，人们对于他精心策划的谋杀案也越发愤怒，而这种愤怒中又夹杂着惊叹，罪犯对作案痕迹的精心处理所带来的观赏性也就越高。

恶拥有形形色色不同的方面……

第一章 —————— **日常用语中的善与恶**

引人注目的是，我们在日常用语中很少用"恶"这个词来评价人和人的行为，相反，我们更愿意说，某某做错了，或者是认为某某的性格不好。这会削弱否定性陈述，因为错误的行为可能是由于疏忽造成的，而糟糕的性格也是能够改善的。反之，当人们将某个行为或者某个人称为"恶"的时候，这就具有了一定的确定性意味，因为它表明，案犯是存心、故意此般行事，因此人们只得假定他本就是想做此类不好之事。但是，这样的假定似乎又太极端，以至于我们不敢对某个人做出如此无情的判断，我们甚至于期盼当事人的一生中发生过不寻常的事件或者是不幸，虽然他的行为是如此的恶劣，也无法让人原谅，但是这些事件或者不幸可以让我们理解他的恶行。

我们对"善"这个词的使用少有顾忌。与上文提及的恶的使用完全相反，即使被称为善的人、行为和物品本身是消极的，但只要"善"完全是一个用来表达人、行为和物品的积极性意义的词，那么就可以证明，对"善"的使用是几近于通货膨胀式的：在小偷业内，"善"贼会脱颖而出，因为他在抢夺他人财产时手法灵活、熟练。能够成功地欺骗他人的谎言，那么就是一个"善"的谎言。我们如何辨认"善"的杀人凶器呢？它得是非常适合杀人的。

这些例子表明，我们在描述性和评价性方面都可以用"善"这个词，在进行判断时具体取决于我们是否可以用"善"来充当句子主语的谓词，因为不论我们赋予某类事物何种价值，主语均符合自身所属类别的善的标准；或者取决于我们是否将句子主语本身认定为"善"，因为主语是属于我们赋予其价值的某类事物的，不管这种价值在个别情况下实现与否。我们认为"善"贼、"善"的谎言和"善"的凶器没有价值，无论它们能够多么完美地契合为其量身定制的善的标准。相反，我们会把医生、援助和食物——即使是当一名医生做出的诊断是错误的，援助失败了，或者是某种食物会引起过敏——视为很有价值的事物，在我们看来它们都是善的。

就跟善在描述性和评价性方面的不同使用一样，善本身和善作为其他事物的手段二者之间也有区别。当人们进行一项活动是为了该活动本身时，那么对于实施者来说，这项活动就是目的本身，因而活动自身是善的，比如：奏乐，散步，感官欣赏，解谜，让别人开心，科学研究。从工具主义角度来看，当价值中立的事物本身有助于实现或者完成善时，该物则为善。比如说，毛地黄本身非善，但是作为药物，它可以使人恢复健康，而健康自身是善。又比如说，学习一门死语言的词汇，这事本身非善，但是人们却能从而获得理解和解释古代文化文章的能力。不过，并非所有因事物本身所做的一切都是绝对善的，工具善则是通过达到目的（Zweck）获得价值，上述这两种情况实则都是一样的少之又少。有的人为了欺骗本身而去骗同类，从而获得行骗的乐趣，尽管他认为欺骗行为本身就是一种价值，但却不能将它冒充为绝对的善，因为欺骗所带来的乐趣很快就会消失——这是因为只有当大多数人都认定欺诈行为没有意义时，你才能够成功地去行骗。在一个骗子都上当的社会里行骗将不再有任何乐趣。众所周知的是，工具善与否，取决于它的使用目的。砷既可以用来治疗，也可以用来杀人；人们既可以用菜刀给土豆削皮，也可以用来伤人。

为了目的不择手段——人们在俗语中常会这样说。但是当其他方式都不起作用的时候，人们可以用一些不公平的手段来力求达到一个仍旧善的目的吗？为了达到善的目的，人们可以使用任何一种工具吗，即使是恶的也可以用吗？如果我们使出各种手段，甚至可能运用暴力，来实现某个目的，那么该目的最终也不会受到侵蚀吗？加缪（Albert Camus）通过他的戏剧《正义者》(Die Gerechten) 向我们展示了，当内心发生矛盾时，进行权衡是多么困难的一件事。一群俄罗斯革命者决定杀死以极权主义暴力（Gewalt）统治的大公，以此给大家带来正义。他们之所以杀人，是因为想要创造一个不会有人再被杀害的世界。第一次暗杀并没有成功，因为刺客想投掷炸弹时，看到有两个孩子在陪着大公。第二次谋杀大公得手，而刺客也在事后被捕并被判处死刑。他接受了死刑判决，目的是向人们表明，即使是在一个民族的自由（Freiheit）和正义（Gerechtigkeit）可能会被破坏的这种极端情况下，都无法用目的来为方式进行辩解，更不用说不择手段了。为了实现善而使用恶的手段仅在特殊情况下作为最后一招被允许使用：使用条件并不是以这种方式行事的人通过提及目的来提升自己的行为并且认为自己的行为就是善事——即使在自卫状况下，杀人仍然绝对是消极的行为，因为这使人付出了生命的代价，虽然他也可能是罪有应得；前提是，这样做的人坚持认为自己的行为属于必须停止的那一类，并且愿意为自己的所作所为承担后果。

反过来，显而易见，手段并不能证明目的是善的，尽管一般来说很难证明行善举的人有恶意。将自己的恶意隐藏在善行之后，这得需要着实非常厉害的表演天赋。但是我们所有人只能在一定程度上使用这种伪装术，因为没有人愿意被揭开自己自私的面具。如果事实证明你只对自己感兴趣的话，那么形象就会受损，因此，就需要尽可能好地掩盖这一点，怎么做呢？有人会在大公无私的假象下，以集体利益为挡箭牌，来更好地争取个人利益。因此，像一些慷慨的资助者或者大方的赞助人能够很好地理解这一点：通过资助文化事业把人们的注意力从他的最终和最高目标，即增加财富或者是提高公司的收益上引开。这一意图本身绝非恶，是什么让人们对它起疑了呢？是虚伪。比如工业领域的管理层有时候会假惺惺地降低理性管理

（环境污染、工作岗位减少等）费用，并且把它们转嫁到普通人身上，此时人们才震惊地注意到企业利润的巨大增长，同时也意识到，企业增长的这些利润没有为税收做出多大贡献。用善的手段达到恶的目的——对此，亚里士多德还举过一个有说服力的例子，他认为，如果一个暴君渴望无限的权力，又想尽可能长久地满足自己的这个欲望时，那么应该建议他披上一层善的以及关心臣民幸福的统治者外衣（参见《政治学》）。有些人渴望的永远是恶，但行为的结果却始终是善，他们不禁抱怨自己的恶意不仅未能成功实施，而且还矛盾地起到了反作用，而对于亚里士多德学派的暴君来说，他明确表示想要行善，有意把善用作手段来满足自己日益膨胀的权力欲望。他的善举越多，得到的狡狯的自我享受也就越多，唯一的局限性就在于：不能将这种自我享受本身公之于众。

从狭义上来看，善与恶属于道德层面的文字游戏。善人，是指在道德观念的指导下进行实际思考和行动的人，这些道德观念在我们的文化传统中具有重要意义：自由、自主、正义（Gerechtigkeit）、人的尊严、身心完整都是民主制度典型的基本价值，它们不容侵犯，并且为人类社会的形成奠定了道德和法律基础。当在一群人中实行的是强者法则并因此崇尚暴力原则时，那么他们只能称得上低等人类，这样的人群甚至少于畜群，畜群因受到天性的限制而无法逾越自然法则，而人类为了实现目标，却能够抗拒理性（Vernunft）的命令，完全用暴政来对待自己的群体。善与恶在道德意义上完全不同，互动社区（Interaktionsgemeinschaft）以准则的形式让每一个权利平等的人明确自己的权利和义务，这些准则的行为规范力产生自神学或者伦理学上真实可靠的道德法则，互动社区由此塑造了人道主义的自我形象。如果违反这些准则的话，将受到道德和法律的制裁——从反对、指责一直到罚款、剥夺自由都有可能。

"善"与"恶"作为谓词，可以描述性格特点或者行为性质，与之不同的是，善或某种善（或者恶或某种恶）作为名词，这个表述在日常使用中指的是人们能想到的所有价值和意义附着体（或者它们的反面），但每人所想的具体内容，却是因人而异。善体现的是人们向往的所有东西，它是一个刻度盘，这个刻度盘展现给我们的是大量人们所渴求的生活方式——从豪华奢侈的生活一直到和平的国际社会。某种善是全善的一个子集：外貌、名声、财富、勤劳、聪明、同情、容忍、团结、多元文化。人们对于善的看法仁者见仁，智者见智，这恰好反映了利益多元化，所有利益的最小公分母是自由。自由作为一项基本价值，允许每个人（Individuum）都可以按照自己的方式获得幸福，前提是没有侵犯他人的自由权，而且当出现利益冲突的时候，所有个体基本都愿意共同来解决问题。

恶会设法破坏这个前提条件。恶不仅仅是善的终止［威廉·布施（Wilhelm Busch）］，因为善的终止可能是懦弱或者安逸导致的，但是恶是非常明确、坚定地以善的对立面取代善，也就是说，善不仅仅是遇到了阻碍，而是完全转向了矛盾面。作为一项基本价值，自由是所有人都享有的，但当大多数人都不享有自由时，就会发生上述情况。由此导致的各种形式的压迫、残暴、违反人道的罪行就是恶。一般来说，人们在想象恶的时候，会进行拟人化处理：比如坏男人形象的恶人，人们会警告小孩子不要接近他；或者是黑手党成员，他们使尽阴谋诡计，设计组织犯罪，以此破坏法治国家的基础。漫画中更容易塑造出由于内心残忍导致婚姻失败的恶婆婆形象。

一些成年人习惯了简单的黑白思维模式，虽然这种思维模式带有明显的偏见，但他们从儿童时期开始就用这种模式区分善恶，而这种未分化而又僵化的思维模式并不适合用来区分善与恶的细微差别。童话、文学和电影中到处是对比鲜明的人物：善良的仙女—邪恶的女巫；代表法律与秩序的警长—残暴的歹徒；单纯的笨蛋—阴谋家。英雄和恶棍的划分暗示人们，只有这两种人，没有居于二者之间的人。对此，我们就会忘记这一点，现实中的善人同恶人一样都是例外。"普通人"随时都会因为恶而备受争议，只得一直不断地重新谋求善。他经常处于犯错的危险中，但是他在任何时刻都可以调整自己的努力方向，消除自己恶的苗头。如果是人性本恶的话，也就解释了我们为什么有时候觉得行善难。究竟是人性本恶还是不利的环境导致了恶的产生呢？这就跟下边要说的这个问题——人是否性本善，只是由于缺乏支持或者榜样差而没有得到开发——

样，我们都难以对此做出明确的判定。不管怎样，为了保险起见，建议您不要过分幼稚或者是轻信，而应密切关注自己的住所：恶人也是会伪装的。

第二章 ——————— 从科学角度解释
善与恶的来源

教育学家坚信，人并非性本善。如果人生来就趋于美德和道义，那么善也是稳稳地存在于人的天性中，这样的话，他们所做的教育努力就是多余的了。但是从另一方面来说，他们也不认为人性本恶，如果这样的话，他们也不会采取教育措施，因为这些努力都会因"恶基因"决定论而无效，因此是徒劳的。只要人具有学习能力，并且通过教育学方面的"校正"以及合理的教导——目的不是使人顺从，而是让之成熟——使人类遵守具有普遍约束力的行为规则，那么人既非性本善也非性本恶这个假说就是成立的，人类本身具有的可能是中性特质，它会根据所受的影响或者所处的环境而朝着道德或者不道德的方向发展。

这种发展不能被看作是一个自然过程。所谓的自然过程是指受到一个积极的或者消极的推动就会开始，并且保持往这个或者另一个方向持续进行下去。如果这样的话，那么惩罚罪犯以及让他们重返社会就没有意义了，也没必要颂扬利他主义的信仰者了，因为他们都无须为自己成为什么样子负责——他们根本就没有选择的自由。我们把选择自由看作是人类的基本条件，由此我们假定，个人都参与塑造了自己现在的样子，善作为绩，恶作为罪，无论如何，这都归因到个人身上，同时我们也要完全承认，有利因素能够促进我们的道德发展，从而拥有自由而又有担当的自我决定能力，相反，不利因素则会起到阻碍作用。

从不同的科学角度来讨论善与恶的起源问题，会得到大相径庭的答案。自然科学认为，从进化论的角度可以重构人类的生物史前史，并且可以用它来解释道德行为的产生方式，而社会科学和心理学则试图揭露社会结构的压制是恶的根源。而从神学的角度来看，他们声称并非外部环境使人类堕落，而是人类本身，根据原罪学说，不管是恶还是上帝创造的善，人类都被视为唯一行为人。所有的这三种解释，都有助于说明善与恶的起源，但也都留下了悬而未决的问题。

本章的主题仍然是讨论善与恶从何而来的问题，我们会不断地缩小视野——从自然到社会最后到个人，与此同时，对于这三个认识角度的确定方法以及由此产生的结果，我们也会予以关注。

第一节 人类：由基因的善或恶决定吗？

康拉德·洛伦茨（Konrad Lorenz）从事比较行为研究，并将其称为行为学，研究内容是动物行为方式的相似性和差异性，人类作为一种特殊的动物也包含在对比研究范围内。令洛伦茨感兴趣的主要是生物种系的发展，它的自我进行与文化史的发展过程不同，要异常缓慢得多，并且会导致产生可稳定遗传的行为模式——我们在所有种类的动物身上都能观察到这种似乎不变的程序，这为它们的各项活动奠定了基础。人作为一种自然生物，也受到生物法则的支配。生物法则跟文化史上发展起来的并且各地不同的社会规则不同，人类是不能，或者至少是不能轻易改变它们的。但是人类与其他物种不同，他可以反思自己的行为，并且通过认知过程能够从思维上了解系统发育未知的过去，从而获得有关自己的信息，这对于当前和未来的规划都至关重要。

洛伦茨认为，除了饥饿、生殖和逃亡之外，攻击驱力也是自然法则下的本能之一，他将其称为"所谓的恶"（《攻击的秘密》）。攻击行为是恶的，因为具有毁灭性和致死性；但是，只要它有利于本身的存活，那么就只能把它叫作"所谓的恶"，因为为了生存，别无他选。因此，狮子捕获猎物，不是为了杀死它，而是为了消除自己的饥饿，所以将狮子的行为定性为恶并不恰当，无论从人的角度来看，猎物的命运是多么的残酷；因为这完全是人类观察者的观点，它为评估动物行为提供了明确的框架，并要求将适用于人类行为的内容也包括在其中，用在对动物的表达方式上。从"所谓的"这个词上可以推断出，我们在解读动物的行为时，是以我们人类的自我形象为参照的，而没能对它本身进行合适的描写。不久前，有一个小孩掉进猩猩区后昏迷了，一只母猩猩将这个小孩子背到通往猩猩区内的门旁并且将他交给了管理人员，这之前，这只母猩猩试着让这个小男孩站起来，但是没有成功，另外，它还不得不挡开那些具有攻击性的公猩猩。由此我们说，这只母猩猩做了一件"所谓的"好事，但这只能证明这只母猩猩具有"类道德"行为。毫无疑问，这项基于猩猩惊人智慧的行为令人震惊，但是人们却不能确定，是这种动物遵循着一种与生俱来的行为模式（比如一种保护机制），还是说它们能感觉到一种类似于利他主义的驱力，从而采取类似于人的行为呢？

洛伦茨的观点当然是，动物界的"自然道德"是利他性的，当面对同一物种的其他成员时，它们遵循的戒律是"不应该杀！"为了保护物种，它们会采取利他行为，较为强大的动物不会为了利己而利用自己相对于弱小者的优势。在这里，洛伦茨很明显忽视了一点，根据行为学上的认识，较为强大的动物面对弱小者的屈服态度时，由于与生俱来的攻击抑制不会杀死弱者，这不是由利他主义所产生的结果，因为如果这样的话，前提条件得是，它们本可以选择杀也可以不杀。在洛伦茨看来，人类应该自我控制，成为健康、自然、基因改造过的"道德"系统中的典范，而不是仅仅在理性方面以自我的善恶观为指导，在践行方面却没有任何约束力。他认为，动物只是表现出了类道德行为而已。

无论如何，对于所讨论的现象真正重视的每一个人都会一再对生理机构产生感谢之情，因为生理机构强迫动物执行对团体有益的无私行为，而且生理机构也和人类的道德一样有相同的作用。[1]（《攻击的秘密》）

所标榜的动物利他主义被诟病为"标准生物主义"，它给天性增加了"意识形态上的负担"，这种负担可以简化为"你什么都不是，人民才是一切"[克里斯蒂安·福格尔（Christian Vogel）《有一种天生的道德吗?》]。在福格尔看来，自然进化的本意根本不是以善为标准来限制动物的交往行动，也不是用所谓的恶来解释纯粹的生存必要性，它仅仅是产生了一种道德假象。事实上，生物进化的过程是受自私的基因控制的，基因迫使它们的宿主细胞产生尽可能多的复制体，因为只有成功地不断复制，个体才能得以继续存在（出处同上）。将自然行为追溯到基因调控上，这其实已经超越了行为学的研究范畴，延伸到了社会生物学领域。

这个新兴于20世纪60年代初期被称为社会生物学的学科，在吸收了进化论和遗传学的研究成果后，继续发展了洛伦茨的

---

1 康拉德·劳伦兹著，王守珍译：《攻击的秘密》，中国和平出版社2000年版，第124页。——译注

行为学理论。该学科认为，动物和人类之间的差距是能够消除的，这时需要把生物体的进化看作是一个过程，从实证角度来看，人类是由灵长目进化来的，具有亲缘性，在成为人类的初级阶段，人类要学习的是同种生物自然法则下的各种行为方式。从动物到人类，这些行为方式都是以基因密码的形式传下来的。查尔斯·达尔文（Charles Darwin）认为，选择和适应法则导致了进化。自然竞争中，在这两个法则的作用下，整个生命系统里最适合的物种存活下来（适者生存）。在这个前提条件下，社会生物学家也越来越关注人类的文化进化，对此他们分成了两大阵营：一方的观点是，文化史的发展只能通过生物学进行解释；而另一方则认为，当生物达到具有自我意识的水平时，就会不受自然进化法则的束缚——他们以此设定了生物学和文化进化之间的转折点。正如我们将要看到的，这影响了人们对于善与恶的理解，因为只有当人类能够自我批判地反思自己的行为时，谈论善与恶才不仅仅是具有描述性意义，而是具有了规范性或者评价性意义。当人们接受了这个重大的转折，那么也就可以引入"应然"（Sollen）这个概念——按照存在法则运行的生物进化中这是根本不可能的，因为一切都是基于因果机制所发生的随机事件，是无意图、无计划、无目的的，人类只能通过确凿的结论来重构这些事件之间的关系。

"社会达尔文主义"的代表人物认为，文化进化是自然进化的另一种延伸，因此，即便对于人类物种来说，使用"善"

与"恶"这两个表述只具有描述性意义，而没有评价性意义，因为即使具有意识的生物也只能在基因的基础上进行自主行为，是基因长期以来为他们服务并且预先就已经决定好了生物的所有行为方式。理查德·道金斯（Richard Dawkins）在《自私的基因》一书中，描绘了生物体中的基因奋力支持自己的"生存机器"能够成功夺取稀缺的资源。相应地，它们为了更好地发生突变或者自我适应，会在基因库中处理关于成功以及失败策略的所有信息。

> 基因通过支配生存机器和它的神经系统的建造方式而对其行为施加最终的影响。……基因是主要的策略制定者，大脑则是执行者。随着大脑的日趋高度发达，它实际上接管了越来越多的决策机能，而在过程中它运用诸如学习和模拟的技巧。这个趋势在逻辑上的必然结果将会是，基因给予生存机器一个全面的策略性指示，请采取任何你认为是最适当的行动以保证我们基因的存在。[1]（《自私的基因》）

当一个基因选择做出利他行为时，这并不是因为它转变成

---

[1] 理查德·道金斯著，卢允中、张岱云、王兵译：《自私的基因》，吉林人民出版社1999年版，第74、75页。——译注

了一个好的、有道德的基因（这种基因会认为之前的利己行为是恶的），而是因为，它认为在现有的既定情况下，通过跟其他基因联合——多亏了它们之间的合作，采取一些利他手段可以更好地实行利己主义。无论一个人类个体做什么，最终都要听命于他的基因，基因只会考虑自己的利益，即使有必要通过宗教、道德和法律绕道而行。基因有创造才能，它会利用标准化概念，来满足自己的利益需求。当信仰上帝能够有利于生存时，生存机器的基因库就会暗示虔诚是某种善的东西。价值标准、道德习俗和法律体系都是如此，它们都是在基因的生存训练中被保存下来的。人类所思、所感、所想和所做的一切，根源上都是由基因决定的，即使道金斯在最后主张我们应该抵制基因的恐吓，将人类的进化掌握在自己手中（出处同上），但这或许仍然只是基因的一个新的操纵我们人类的把戏。

从分子生物学上来看，人类基因组上汇聚了遗传的本质。基因来自基因库，道金斯认为基因具有绝对权力。只有当这一假定没有触犯"自然主义谬误"（Naturalistischer Fehlschluss）时，才是成立的。自然主义谬误就错在，从"实然"（Sein）中推出"应然"。如果说所有的生命结构都追溯到基因调控上，也即是说，基因根据内在的利己原则控制生命体采取行为，来确保基因继续存在，这样的话，即使是善与恶也绝不是在文化进化中新产生的应然概念，本质上其实是遗传潜能，它们以自发道德的名义掩盖了这样一个事实，那就是——这一直以来都

是基因为了生存而制定的古老规定，虽然我们拥有最高的自由
意识，但是也不得不臣服于基因。因此，根本就没有一种真正
的、基于自我决定的应然责任。基因所进行的与善恶相关的行
为，不过是因为它们无法脱离自己身上背负的自然法则。善与
恶作为道德上的自我决定形式，不过是由基因所创造出来的假
象概念，这是一种策略，目的是借助价值观和规则来调整人类
有机体的行为往有利的方向发展。

　　社会生物学家的观点与之不同，他们认为自然进化和文化
进化之间有一个重大的转折，但是他们所面对的困难是，如
何在不犯自然主义谬误——由对客观事实的描述得出理应如
何的结论——的情况下阐释从实然到应然所发生的"突然转
变"。比如说，我们历史上所熟知的社会都是父权结构居统治
地位，在阐明其理由时，人们会指出：大自然之所以选中男人
来统治，是因为他们的肌肉和大脑体积更大。此时便出现了一
个从实然到应该的谬误——这在逻辑上是不允许的。随着新系
统属性的出现而引起的这个问题，康拉德·洛伦茨尝试着对其
做出解释，他假设出现了一种飞快的、突然的、始料未及的结
合（Fulguration）（《镜子的反面》）。之前的线性因果链，以这
种方式联合成了一个圆形的，虽然由此就从之前的东西中产生
了一些全新的事物，但是却不能作为从旧事物中推导出来的结
果。如果将洛伦茨的假定应用到自然和社会进化二者之间的关
系上，就会由此产生两个世界理论：一个世界里是普遍受因

果机制操控的自然过程（＝实然世界），另一个世界里则满是
受意识支配的过程，它们饱含目的性和计划性（＝应然世界）。
相应地，现在就要区分"所谓的恶"和"真正的恶"。"所谓的
恶"本身是价值中立的，存在于猿人进化中；人类作为自由的
生物，要为真正的恶负责［汉斯·摩尔（Hans Mohr），《自然
与道德：生物学伦理》］。生物学上的善与恶是一对描述性的
概念，道德上的善与恶是一对规范性的概念，二者之间基本上
没有共同点可言；它们似乎是不同的。但是从社会生物学角度
来看，可以断言它们之间是有关系的，因为自然进化肯定是在
文化进化之前发生的，而且即使自然进化不再是独自充分发挥
作用，那么也会在一定程度上继续对文化进化产生影响。与此
相应，人性也不是文化创造出来的，而是来自——至少从它的
基本特征来看——生活（以及存活）的必要性，并且在人类进
化的早期阶段就已经确立了。人类是"生物社会的统一体"，
因为我们的规则体系是群体规则，它们不是从天上掉下来的，
在猿人时期对群落行为早已产生了影响［弗兰茨·M.乌克提
茨（Franz Wuketits），《基因、文化和道德：社会生物学——赞
成与反对》］）。

　　但是以这种方式结合成的圆仍没有解决问题，因为这只是
单纯地表达了一个观点，却没有解释：具体来说，如何将人类
视为生物社会的统一体。对此，我们要么接受不能重构从自然
进化到文化进化的过渡，这样的话，至少想写一部"善与恶的

自然史"这个说法就容易被误解（乌克提茨，《该死的不道德？论善恶的自然历史》）。或者是我们从动物身上的类道德行为中推导出善与恶，即利他的行为方式（所谓的善）和利己的行为方式（所谓的恶），但是与此同时也犯了一个自然主义谬误。在这两种情况下，我们都能看出来，时间上的后者，发展程度更高，人们在用后者的语言手段对时间上的前者进行描写时，就好像人们只需要将文化进化中所有关乎文化的东西去掉，剩下的就仅仅是自然进化了。道德上的善与恶减去规范（应然）就得到了所谓的善与恶（实然）。但是，如何理解自然和文化对人类行为的作用关系，这个简单的假设并没有任何帮助。因为如果人们在谈论对规范的看法时却没考虑到规范本身，那么就相当于否定了这个概念。当人们不顾大自然的影响，就给人性进行伦理学定义（人类尊严、自由）时，人性这个概念里就不剩自然的积淀了。如果人们为了回归到进化上，从一开始时就从自然主义角度对人性进行定义（人性是有机体或者是基因创造的生存机器的需求结构），通过这种方式，正好就隐藏了原本应该与人类史前史相关联的内容：规范。如此，"所谓的善与恶"就只能成为一种尴尬的语言解释了。

　　正如名字中所展现出的那样，社会生物学将二者相加，统一于一个整体中，但它本身所宣称的文化和自然的相关性实则仍未被证实——即使是一些带有非常醒目的书名的书也掩盖不了这一点，比如《善与恶的此岸：伦理的生物学基础》[罗伯特·赖特（Robert Wright）]。对于人类行为的基因学解释以及从伦理学角度论证道德，社会生物学家没能成功地在这二者之间架起桥梁。人们反过来又指责规范伦理学家有意忽视道德行为的生物学基础，但是指责的是否准确仍有待于考证。当今，如果有人将人类从进化的洪流中剔除，或者是人类让自己的进化史脱离外部自然的影响，这对于任何一个稍微有点科学常识的人来说都是不能接受的。严守教义的基督徒会不假思索地将上帝创世的神话看作事实，人类起源于猿猴对于他们来说至多只能算是一个让人困惑的想法。但是，重构自然进化也是很有启发意义的，并且在实证方面也有证可查。同时，人们不要忘记，这只是对人类起源史所做的一个解释，而且从自然科学角度来看，这是一个因果事件：一个描述自私基因生存斗争的过程。自私基因会从策略上算计着为自身的存活极力争取到最大的可能性；我们为描述生活环境中的关系而形成了一些描述模式，只有当我们将这些描述模式投放到我们感到完全陌生以及有必要保持陌生感的环境时，上述方法才可行。

善与恶的起源史似乎不同。从自然科学角度来描述的话，无论如何都不再是严丝合缝的、没有断层的或者没有范畴变化的。"相似的"或者"所谓的"道德自然历史是行为学和社会生物学以类似历史的形式发展而来的，它以道德视角为基础，人们可以据此用记事的方式重构道德产生之前的过去，结果得是这个道德视角恰好可以导致合理的历史终结：在一定程度上，道德就是"历史的道德"。

在这两个描述历史的版本中都出现了问题。如果历史是由某些"肇事者"接连造就的，而他们可以不用为自己的"行为"负责，因为他们的行为是非自愿的，由此就会产生两个结果：一是人类道德的自我形象就是一个错误："道德只是一个由我们基因所控制产生的集体幻觉，目的是让我们繁殖"[迈克尔·鲁斯（Michael Ruse），《再一次：进化伦理学》]。虽然基因决定说毫无缺陷，但由此产生的另一个结果就是，人类没有"被诅咒不道德"（乌克提茨），因为一想到诅咒，我们总是联想到一个全能的（在此种情况下穷凶极恶的）生物，它出于纯粹的恶意，会使人类服从一种必然通往恶的机制，由此拒绝给予人类自由。但是从基因决定的这个事实中我们很容易得出这样一个结论：任何一个人都不必为自己的所作所为辩护，因为人类所有的行为都是基因控制的结果，因此不管是积极的还是消极的行为都不能归咎到个人身上。

行为学家和社会生物学家所讲述的关于人类道德起源的第二版历史，只要它承认文化进化有其独立的开端并由此具有一定的独立性，可以不受自然（基因）进化的影响，那么它就不会产生像第一个决定论、还原论版本那样产生令人难以接受的结果。他们在没有触犯科学上所禁止的自然谬误的情况下，断言出有这样的一个开端，但是却不能对此做出阐释，这就带来了一个新的问题。如果我们支持在人类以外的生物界有一种自然道德（所谓的善与恶），那么就无法解释，在大自然中发挥如此杰出作用的自然道德规定为什么反而能够被一种不那么优秀的道德，即人类的理性道德所替代呢？洛伦茨在《文明人类的八大罪孽》(1983) 一书中表示出自己的不满，他认为这恰恰意味着一种去人性化。与之相对，如果人们排斥自然道德的话，那么就很难将人类行为体现出的道德与自然重新联系起来。"那么，至少关于具有普遍约束力的人权，跨越所有人民、所有种族的'平等'和'博爱'的宣言都是'远离自然的'。如果不存在或者无法存在一种基于物种保护原则、涵盖全人类的'自然道德'的话，那么人类对这个地球上的其他生物也就不存在生物基因方面的'责任'了"（福格尔，《有一种自然道德吗?》）。如果把道德完全看作是由文化进化所产生的反自然的规范产物，那么它就会在善与恶的范畴内迫使人类遵守一些命令和禁令，但是受基因控制的自然本性会与之对抗。这可能也就解释了为什么人类在内心矛盾的情况下往往会有两个不同方向的行为趋势，一边是基因在拉扯，另一边是道德规范在拖曳。但是，究竟自然进化和文化之间是否有一个重大的转折，仍是个疑问，而且道德属性"天生就是生物进化的产品"这个说法（出处同上）——除了又回到基因决定论版本上——也曲解了道德所蕴涵的规范意义。生物进化的产物真也好假也罢，毫无疑问，生物进化也形成了具有认知能力的大脑，虽然意识和自我意识是在进化的过程中所产生的，但是善与恶仍旧是基

因的产物。因果律是生物进化的基础，如果人们想将其有效性
扩展到文化成就上的话，那将是对它的极度的高估。基因法则
对人类的数学思维能力产生了影响，但是将数学定理的有效性
归因到基因法则上就将毫无意义了。想要通过追溯道德意识的
生物学根源，来证明与善恶有关的实际有效性具有约束力，这
也实在是毫无希望。根据人们假定的进化过程（目前，在实证
方面已有证可查）能够发现，人类所继承的思维习惯和意识能
力受实际条件（事实确定）的影响。意识能力所带来的产品本
身是智力结构，这是在不同的规范条件（逻辑确定）下所形
成的。

　　人们也可以讲述一个不同的善与恶起源史，这自然也就要
求人们必须转变视角。现在，我们就看一下，心理学家和社会
学家是否能够通过其他的方法论将自然科学中仍未解决的问题
成功解决掉。

第二节　人类：由心理要素和社会情况的好坏决定吗？

　　精神分析学家和社会学家认为社会环境在形成善与恶的互
动模式中具有关键作用。自我和社会之间存在着相互关系，二
者之间紧张的配合和对抗会导致个人和集体的神经症。即使弗

洛伊德认为自己是一个自然科学家，但是作为精神分析学家的他也是一位注释学家，即诠释自己病人混乱的恐惧、负罪感和做梦经历。他认为可以通过对话疗法来治疗精神病人，由此，他相信，人类并不是完全无助地听凭神经细胞释放紧急能量，而是在一定程度范围内可以不受其影响，成为自己精神世界的主人。

为了从精神分析角度来理解善与恶的起源，我们必须回顾一下自我形成的各个阶段。对于弗洛伊德来说，善与恶起源于对于快乐的渴求，这在人类的儿童时期——似乎还不是作为自我，而是作为天性中就有的本我。在本我阶段，个人是没有意识的，他不知道"价值判断，不知道善与恶，也不知道道德"（《精神分析引论新编》）。人类很快就失望于自己最初对幸福——渴望快乐最大化，避免不快乐——的天性追求，因为"上帝并没有在'创世'的计划中包含人类应该享有'幸福的'意愿"（《文明及其不满》）。因此，儿童早早就受到了一种自恋伤害，这对他的影响非常之大，以至于他的进一步发展走了一条完全不同的道路。弗洛伊德描述了恋母情结中的这种伤害：一个爱自己母亲的小男孩，如果他坚持追求自己母亲的话，那么将面临两方面的威胁，一方面是母亲会收回对他的爱，另一方面是父亲的阉割术。屈于父亲权威的压力，他放弃了对自我快乐的满足，但同时却形成了一种很强烈的攻击性，不管是对外还是向内都对他本身产生了毁灭性的影响，并由此导致了神经症——这是对他没有被满足的性欲的替代性满足。随着他被迫放弃自己的本能，弗洛伊德预期会有恶事发生，这将阻碍小男孩最初所追求的、现在具象为善的幸福。

> 我们可以否认存在一种原初的、自然的分辨善恶的能力。坏事通常根本不会损伤或危及自我；相反，坏事可能是某种自我期望获得的、并让自我感到享受的东西。因此，这里有一种外在影响在起作用，而正是这种影响才决定了所谓的善与恶。……因此，坏事从一开始就使人类面临丧失爱的威胁。由于恐惧这种丧失，人就必须避免这种情况。(《文明及其不满》)[1]

先是惧怕父亲的权威，这在后期会继续发展成为害怕超我，即内化的社会良心，通过恐吓对方将予以制裁来规定本我能够和被允许做什么。弗洛伊德将超我看作制定规范、判断善与恶的精神结构，他认为超我的产生是因为"不可否认的恶的存在"。为了将"人类生来的向恶性、攻击性、破坏性以及残忍性"（出处同上）不释放出来，以及为了阻止人像狼一样无

---

[1] 弗洛伊德著，严志军、张沫译：《文明及其不满》，河北教育出版社2003年版，第110页。——译注

情，在文明化的进程中就产生了伦理学，它试图通过道德规则体系来抑制、引导和升华人类的攻击本能。

由此，弗洛伊德区分了三种形式的恶：（1）自恋伤害对自我造成的恶：遭到最初所追求的对象拒绝，对快乐的追求由此明显被迫中断；（2）追求快乐被拒，由此导致了攻击性反应，从中产生了恶：我想运用所有可用的手段，来消除妨碍我实现欲望目的的恶事；（3）被超我所客体化的社会权威宣称为集体恶的恶本身：在惩罚的威胁下，禁止我满足在自恋中被激起的攻击性驱力。即使弗洛伊德很少引用"善"与"恶"这两个表达，但是通过他对于与生俱来的本能、攻击性行为等的阐释，也表明他首先关注的是"所谓的"恶，也即：并非由自我过错导致的恶，而实际上这在一方面只是对自己所经历过的伤害的自然反应，这种受伤让自己深受委屈；另一方面，这是文化的一种把戏，通过更糟糕的恶事（比如失去爱）恐吓自我将面临恐惧和惊恐，目的是改变或者颠覆这种自然反应，使之放弃自我本能，在这个过程中，善似乎正以一种回报的姿态向人们示意，它将以爱回报非攻击性行为。

从精神分析角度来看，道德和善恶这两个范畴都是来源于罪恶感，弗洛伊德认为，在恋母情结下会出现罪恶感。俄狄浦斯杀死了自己的父亲，并且娶了自己的母亲。对于他来说，早期儿童时期的渴望得到了满足，虽然他自己并不知情，也没有制订计划去力争。但是，他是有罪的：因谋杀父亲和猥亵母亲所犯的罪。在希腊悲剧中，神的存在确保了后期对他的道德审判，并且从道德上来看，杀人后所实现的乱伦是恶行。恶的根源并不是性本身，而是在满足性欲时所用的肆无忌惮的方式，这样的方式会忽视所有可能给当事人造成的后果。人们认为俄狄浦斯情结表明的是一种人类的基本心理状态，为了证明这个论点，对于超我结构管理下的社会，弗洛伊德尝试将其历史起点定在原始部落，在那个时候，人们不会压制自己的攻击力，反而会任其发展。兄弟们杀死自己的父亲，为了得到女人和父亲所拥有的权力，权力使他们妒忌自己的父亲。

　　有一天，那些被父亲驱逐的兄弟们结合在一起，杀害并吞食了他们的父亲，于是，这种家长统治的部落方式宣告结束。兄弟间的联合使他们拥有足够的勇气去成功地完成他们个人所无法达成的目标。……在食人肉的野蛮民族里，除了杀害父亲外，还食用他的肉。在这种情况下，那位残暴的父亲无疑是他儿子们所畏惧和羡慕的对象。因此，接着分食他的肉来加强他们对父亲的认同感，同时每个人都经由此而得到了他的一部分能力。由此可见，图腾餐也许可说是人类最早的庆典仪式，它正是一种重复从事及庆祝上述值得纪念和残酷事件的行为，它是往后所谓的"社会组织"、"道德禁制"和"宗

教"等诸多事件的起源。(《图腾与禁忌》)[1]

　　据此，弗洛伊德也认为，在人类的初期存在着一种原罪，它并不是因为否定神而给世界带来了恶，而是因为杀死了自己的父亲——一方面是钦佩他，将其看作是榜样；另一方面又由于他在性方面的优先权而厌恶他。吃掉自己的生身父亲之后，他的权力也就转移到了兄弟们身上。但恰恰也是由于他们通过这种极端的物质主义方式在父亲身上重新认识了自我，这时他们才意识到兄弟中没有一个人，正如他们看到的，能够将全部权力毫不分散地集中于一人身上，而且他们也认识到，如果他们的儿子不能对自己的躯体做出同样的罪行的话，那么问题仍旧无法解决。弗洛伊德将这个故事继续讲述下去——儿子们为自己的行为感到后悔，承认自己的过错。犯罪感迫使他们听从自己心中（已被杀死的）父亲的声音，并且以这种方式将他们从父亲身上得来的权力又归还给他。

　　　　……在进攻性行动满足了儿子们对父亲的仇恨
　　之后，他们的爱由于对自己行动的悔恨而占据上风。
　　爱通过对父亲的认同作用确立了超我；它把父亲的

1　弗洛伊德著，文良文化译：《图腾与禁忌》，中央编译出版社2005年版，第152、
　　153页。——译注

　　力量授予超我，这似乎是惩罚他们施行的反对父亲
的进攻，而且它产生了用以避免这种进攻行为重复
发生的限制措施。(《文明及其不满》)[1]

　　以此，我们到达了这样的一个位置上：根据弗洛伊德的观
点，道德和伦理学以及它们对于善与恶的原始规范都是源自超
我结构的形成以及授权，在所有的个体和集体生活形式中都一
再出现这一本源。因为原先一直都是父亲——不管是在俄狄浦
斯情结中，还是在实际的社会法律框架下——在表达所有的
道德要求和禁令，家长统治下被迫放弃本能是他的统治根基。
"这样，伦理学就被看作一种治疗的尝试——它试图用超我提
出的要求来获得某种东西，而迄今为止，人们还无法通过其他
任何文化活动来获取这种东西"(出处同上)。

　　与社会生物学家不同，弗洛伊德没有将善与恶的本源自然
化，而是将其历史化了。道德的出现远没有被证明是进化的随
机产物，它的产生跟一群自恋的生物创建了一个社会集体这个
事件同时发生，在这里，社会原则对所有人同等适用，据此来
一致管理生物之间的互动，以防将恶带到世上的罪行重演。根
据弗洛伊德的看法，在人类形成自我和超我的历史初期，存在

1　弗洛伊德著，严志军、张沫译：《文明及其不满》，河北教育出版社2003年版，第
　　116页。——译注

着一次谋杀：杀害了第一个规范制定者——父亲。但是从精神
分析学上进行重构——撇开祖先来源（显然他在自我产生时是
以一种雄性的形式）的问题不谈，也撇开妻子和女儿不谈（在
这种模式下似乎并没有她们的位置）——是有困难的，因为在
历史初期即使产生了善与恶，但是这个阶段本身仍然还在善与
恶的此岸。当自我尚未形成，仍处于本我阶段时，这时纯粹只
会追求无限的快乐，如果某个权威命令不允许他满足欲望的
话，那么由此所导致的一个自然后果就是，他会攻击父亲的专
制统治。在满足自我快乐方面，父亲要求实行垄断统治，并且
会基于自己的优势独断专权。

　　为了从精神分析角度解释善与恶的起源，我们可以对儿子
们的起义仅做道德评判，对于父亲的被杀害予以同情，因为
虽然他独享快乐（从我们后来获得的超我视角来看）是不公
正的，但是只要父亲仍旧也还是处在本我阶段，即善与恶的此
岸，那么对于他独占快乐的这个行为——不看以后，只看从开
始至今——本身几乎就跟儿子的行为一样，几乎不能从道德范
畴来理解。二者的不同之处就在于，父亲由于自己所处的权力
位置，无情地禁止自己的儿子得到性爱享受，这样就能够使自
己尽情享受自恋。在这种激烈的情况下，同时潜伏着善与恶，
这意味着：去掉恶并不是唯一缓和矛盾的方法，因为人们完全
可以想象到，父亲基于自己的代际优势和经验优势，在从本我
决定到自我决定的继续发展过程中将认识到，如果他跟儿子们

分享权力，而不是扣留在自己手中，那么情况将更有利。但是人们也可以想象得到，虽然父亲作为自我拥有了自我意识，但是他仍然明确选择将权力保留在自己手中。在这种情况下，他是有意将自己原始的、自然的、本身未被评价的欲望提升为准则，同时将恶定为原则：他觉察到自己行为的不公正，为此他将不公正永远编进法典，来确保自己的享受。

　　但是在弗洛伊德的描述中，父亲是没有罪的，反而是他的儿子们通过杀死父亲将恶带到了这个世上。但是，他们是否有别的选择呢？或者他们是在本性的驱使下这么做的吗？他们的内心处于矛盾中，因为根据本我决定论，他们只能尽力满足自己的自然欲望，另外，在父亲的行为中，他们看到的始终都是一个基本模式——父亲贪婪的欲望和他的快乐满足。但是父亲的禁令恰好给他们封锁了这条路，那么他们就不能通过其他方式——通过制定跟父亲不产生矛盾的目标——获得幸福了吗？为什么一定要执着于父亲视为自我特权的快乐呢？需要是发明之母：为什么不设想和尝试一下其他的享受，以此来弥补自己失去的快乐？对于父亲所有的儿子们来说，他既是欲望满足方面的榜样，但同时也是妨碍自己满足欲望的肇事者，兄弟们最终所做的决定是杀死父亲，随着弗洛伊德的继续讲述，必须要阐明的一点是，在一定程度上，这个决定无论如何已经不再是由于不堪忍受不快乐所造成的紧张而进行的本能性、爆发性的发泄了，而已然是理性思考之后产生的结果，因为他们发现，只有当他们作为分散的个体时才是弱小的，但是作为一个联合体，他们就拥有了之前没有认识到的优势。他们本来可以不这样利用这个优势，比如，他们可以限制父亲的权力。但是他们仍然理性地选择——在意识到他们联合起来的优势之后——杀死父亲。他们恰好由此就变成了恶的实施者。

罪恶感使人们认识到罪，同时也认识到所缺失的善。超我不仅仅比各个自我占优势，而且也优于所有自我的总和。儿子们所确立的道德，不仅是对个人自我的超越，而且也体现了所有自我的超我意志，它表明各自承认了自己的罪，同时也反向暗示了父亲的无罪——他的规范力和行动调节力现在被看作是善的东西。人们需要有约束力的规范，来确保集体成员的团结，通过他所制定的这些规范可以避免原始部落中出现矛盾，但是这些规范必须要将其最初对权威性的要求转变成对社会约束力的要求，也就是说，它们不允许偏爱强者，或者是歧视弱者。

善将社会联系起来：它代表了道德，道德阻止个人为了得到快乐满足而与竞争对手结仇，并且会将他们都捆绑到一个集体中，在这里可以给他们提供安全，并且通过公正的资源分配，设法做到——没有哪个人能得到所有，而其他人也不会什么都没有。要实现这一点，前提条件是每个人都要放弃相当大的一部分欲望：原先想要完完全全、不计代价地满足自己的自恋欲望，现在不得不放弃这个想法。虽然他一直都知道，所有人都想要"永远永远的"快乐（尼采），但是也明白，并不是只有他自己有这个意愿，并且当所有人都有这个意图时，就会导致永恒的战争，这本身又会导致快乐的严重丧失。在理性权衡过利弊之后，对于个人来说，更有利的做法是放弃对自我利益的完全满足，确保自己从现有财富中分到合适的一杯羹。

迈出了第一步之后，道德就使得关系破裂的众人达到了内心满足，但是根据以下格言，这还不足以对善与恶进行量化：以集体为代价，倾其所有想得到比应得的东西更多的人是恶的；相反，乐意分享，对自己所得的份额感到满足的人是善的。人类由于自己天生的构造，始终会追求尽可能多的快乐和幸福。因此，在意识到这一点之后，从道德中就发展出了伦理学，它不仅可以从数量上，也可以从质量上对善进行界定。数量上无法完全实现的幸福转变成了不受时间限制，随时都可以从质上获得的幸福，弗洛伊德将这一转变过程称为升华。只要人们必须在互动的情境下才能获得快乐和幸福，那么这二者就成为了集体价值，因为在社会成员的交往中，基于互相尊重，他们之间形成了文明、开化的新相处形式。除了与生俱来的欲望之外，现在还新产生了一个具有自我品质的意义维度，即狭义上的道德品质，它是人们对实际情况做出评判之后所得来的结果，根据这个评判视角，人们可以构想出一种完全幸福的生活形式，并使之成为符合当时实际情况的标准。

规范——这个因素不允许将存在的东西完全视为善，这要归功于伦理学的实践理性，它来源于人们的认识——要让自身变得强大，需要控制自我而不是统治、压制他人。自我可以采取有益于社会的行为，基于此，自我适合成为道德主体，而且"美德"所关联的是另一种幸福概念，人们不能从数量上对它进行衡量，因为美德本身就是一个标准。这种幸福不仅仅可以用感官来进行衡量，当智力认同了这种幸福时，人们才能获得它。智力可以创造出知识成就和行动成果，由此促进了这种幸福的产生。

道德是已经存在的伦理。对善与恶这两个基本范畴的伦理反思离不开道德，通过善与恶可以将应该做的事和所有同样有义务做的事跟不应该做的事情区别开来。从道德和对善与恶的伦理学反思层面上看，人类是一种独立的生物，有了自由意识之后，他会遵守自己制定的规范和价值，并且个人的自由行为既不会阻碍也不会阻止他人的自由。因此，自由本身就被理解成极善，不自由就是极恶。但是，道德层面上的自由主体这个概念并不是一个事实描述，而无疑是一个带有强制性的规范构想。因为人类永远都是一种自然生物，他的需求结构促使他不断地追求快乐。因此，人类就不得不一次又一次地解决天生的欲望和道德要求之间的矛盾，而不是基于基本判断，片面地做出有利于性欲或者是有利于精神的选择。因为受压抑的性欲就跟功利精神一样，同样都会成为恶之源。"自然中第一个获得自由的人"[赫尔德（Herder）] 既不是在纯粹的性欲满足中也不是在单纯的精神满足中得以产生的。善位于二者中心点上，人类为了生存所做的真正的努力恰恰就应该是，在活着的每一个现实片刻中，永远都使自己处于这样一个个具体的中心点上。

埃利希·弗洛姆（Erich Fromm）认为是毁坏欲导致了这个中心点的缺失并且由此带来了人类的失败，与弗洛伊德不同，弗洛姆认为毁坏欲不是与生俱来的，而是一种原力，只有在不利的情况下才具有毁灭性。

> 毁坏欲是由一种未过的生活所导致的后果。有些个人和社会状况对促进生命的力量产生阻碍效果，它们产生了毁坏欲。毁坏欲本身就成为了各种各样的恶行的根源。……我们认为，毁坏欲是人类的第二潜力，只有当人类没能成功实现第一潜力的时候，它才会出现。假设我们的这个观点是正确的，那么这个回答也不过是反对人性主义伦理学的借口之一。我们已经解释过，人类不是必然恶，而是当缺少适合他生长的条件时，才是恶的。恶不能独自生存；它是善的不存在，是实现善的失败尝试。（《精神分析和伦理学》）

从社会学角度来看，只要社会体系的压制性结构不能实现个体的自由发展，那么即使社会环境不用为人类的失败负全责，也至少要承担共谋罪名。因此，赫伯特·马尔库塞（Herbert Marcuse）提出了这个设想："对剥削机器的依赖"使个人遭受永远的奴役，以此也就剥夺了他们在决定自我需求和满足需求的手段时的自由（《论解放》）。按劳付酬原则代替了现实原则，它不允许人们进行任何的自由创造和自由生产，这两种是人们依据快乐原则在一个远离现实的"理想"空间里所组织的美学艺术活动，但这并不是为了共同利益，而仅仅是为了他们自身。为了将所有力量聚集到一起来建造一个旨在增加财产和进行竞争的资本主义社会，人们将那些背道而驰的、未被利益计算标准化的行为方式，特别是在性方面的那些行为，都宣称为反常的善。

> 在一个压抑的社会秩序中，它要求等同看待正常、对社会有利和善这三者，为了自我快乐所做的行为都是"恶之花"。（《爱欲与文明》）

根据马尔库塞的观点，只能通过暴力"革命"才能有效应对暴力"反动"，即使在伦理学方面他也承认："这两种暴力形式都是不人性的、恶的——但是人类又是从何时起根据伦理学标准来创造历史的？"（《压抑的宽容》）马尔库塞试图借由这个问题减轻为革命之恶进行辩护的压力，他的论点是，要想造就顺应历史的社会环境，得在行使权力并且由此产生了事实规范力的条件下进行，此规范力的强制性并不是基于任何一种道德。在马尔库塞看来，结构性恶是令人压抑的，并且会粗暴压制社会中的个体自由，与结构性恶进行抗争不仅仅是合法的，而且从道德上来看也恰恰是非常必要的，即使在这场斗争中所使用的手段也正好是压抑的、恶的，这也是能够被原谅的，因为借助于此恶应该能够清除掉一个更恶的事。暴力革命始终不忘将所有的善都释放出来（这是暴力所否认的目标），它是一种暂时的恶，因为它想根除暴力——暴力在结构上使不自由根植于自身系统中。

有人认为，社会该独自为恶承担责任，阿尔诺·普拉克（Arno Plack）在《社会与邪恶：统治道德批判》一书中试图继续阐释这个论点，他指出，具有统治力的道德根本就不是一个由同类人为同类人所制定的规则法典，完全相反，它是统治者用来统治被统治者的一种工具。他说到，竞争体系促使人们取得成功，过上了二手生活，现行的经济和消费标准会上升为所有事物的标准，以至于不再有人只着眼于自己的需求。后果就是失去了创造力，产生了死亡压抑、性、虚伪、无情，人们将不重视暴行，美化战争。对于普拉克而言，为人性堕落创造精神条件的道德实质上就是恶，这主要是因为道德会借由自己的道德信徒将"健康的"、充满活力的驱力宣布为邪恶的，并且对其压制。这种与快乐和生存相敌对的道德，其"核心是恶"（《社会与邪恶：统治道德批判》），普拉克想用另一种更合适的、基于科学伦理学的道德取而代之：

> 　　科学伦理学所感兴趣的并不是如何更好地、更
> 有效果地劝诫个人从"善"，或者是甚至向个人灌
> 输。它所感兴趣的是，如果来创建一种社会秩序，
> 当人们身处其中时，人与人之间原始的爱不会因为
> 失败或者孤立而真正受到惩罚。伦理学是一门科学，
> 一门爱的条件的科学，它跟社会和原始的人性有关，
> 人性当然不是恶的，除非人们在对它进行评价时所
> 依据的标准不是来源于其本身。……科学伦理学并
> 不寄希望于个人"意愿"，而是指望个体能够认识到
> 集体的存在条件。（《社会与邪恶：统治道德批判》）

　　普拉克认为，一个始终保持天性健康的人根本不可能是邪恶的。有的文化，不让天性自由发展，而是通过压抑天性的"美德"，比如贞操和军人的勇猛来扭曲人类天性，以至于最后人们认为只有自我折磨和虐待他人才是让人快乐的。这种文化才应该为世界上各种各样的恶之行承担责任。因此首先必须要通过科学的手段向人们讲清人类的天性，目的是让他们学会区分：

> 　　两种"善"，一种是在一定程度上"由文化决

定"，符合某一个统治阶层的要求，而另一种善是有利于每一个个体的真实存在。坏的、糟糕的、恶的，从某种原始意义上来说，它们也都是人人所推崇的"美德"，只有在失去了生活的乐趣、健康和社会安定之后，才会努力将其从一个个有生命的个体中去除。……科学伦理学不宣扬任何价值；它所信仰的是，从人性——任其自由发展，并且从小就没有发生扭曲——自身中可以产生一种最符合个人和集体的行为。（出处同上）

与弗洛伊德显然不同，普拉克认为，个体天生就不是暴力的，而是被社会逼迫成这样子的。如果人们从儿童时期就开始允许自己的天性自由发展，并且不通过任何的行为规则对其进行限制的话，那么人们是否能够真正地和平交往呢？这完全是值得怀疑的，特别是通过"反权威教育"实验更是证实了与之相反的论点。因此也就恰恰有必要引入"超我"的精神结构，因为只要"天性"创造了生理上的不平等，致使强者从中受益，弱者从中受抑，那么它就是不公正的。个体所制定的规范，旨在产生精神上的平等。据此，所有的人类都将被承认具有同等的权力和价值。但是这一点并非是不言而喻的，因为起初是由快乐原则主宰，必须要借助于理性思维来训练人们要考虑到别人跟自己拥有平等的权力。

　　但是，马尔库塞和普拉克都承认，在标准的上层建筑帮助下，社会可以通过义务规定来监管其中的实践活动。这样的上层结构不应该将人类个体降级为任人宰割的傀儡——使之成为一个唯命是从的、服务于强者的工具，这时它会变得令人压抑。并不是个人都可以随意根据自己的想法来确定哪些行为方式起到好的作用，哪些起到恶的作用。否则的话，我们就可以推定：这是在暗中策划束缚他人，目的是让恶实际上成为社会基础。与自然法则不同，道德规则的有效性取决于大家的共识，所需要的是成年的公民——为了尽最大可能实现所有人的自由，当事实表明，他们的规范、价值和美德退化成了令人不堪忍受的强制机制时，他们乐意随时将其作为问题加以讨论。

　　由精神分析学家和社会学家所讲述的善与恶起源的历史，益处就在于，他们不再将道德描写成天性的诡计。这种诡计——我们不知道如何——给人类制造了一连串的随机事件，会让人类按照自我设定好的规范行事，从这个观点来看，人类只得是受基因调控，并且要实现基因为之规定好的生存计划。人性自由只是一个幻觉，据此，善与恶也只能算是一种假象道德，事实上，它们天生就是基因的帮凶。这个论点在实证方面既没有得到论证也没有被驳倒，但是它跟具有自我意识的个体的自我形象形成了强烈的反差，对于这样的个体来说——正如笛卡尔已经充分论证过的那样——即使有一个邪恶的精神在所有他们认为是毋庸置疑真实的事情上迷惑他们，但是在一点上他们不会被欺骗，那就是——他们认识到，自己本身就是自身所有经历的前提条件。即使自我在自身的所有经历中，都被引入歧途，那也不能忽视：自己就是那个经历了所有这一切的人，这就是他们的自我经历（参见《第一哲学沉思集》）。

这种形式的自我反思是人类意识的特征，即使从自然主义角度来重构基因进化论也不能将其忽视。所有的概念和理论都有无法去除的反思性要素，作为先验逻辑的该要素，在人类的每个表述产生之前就已真实存在，并且能够从基础"人类学"的角度予以证明，也就是说，它是一个从人类视角出发，又反指向人类的视角。自然科学家选择忽视这种人类学视角，或者他们认为这在方法论上微不足道，因此在"客观"思维中对其不予以考虑。与自然科学家不同，精神分析和社会学会进行相关援引，他们将人类形成史描述成一个不仅仅是天性，而且人类本身也参与其中的过程。这种参与性——虽然在起初的时候，可能是不成熟的——表明，被称为人类的这种生物的进化在没有人类参与的情况下是不可能发生的。更确切地说，从一开始的时候，人类的参与性与人类的形成史就是同时发生的，它具有反思性，只不过起初是以阴暗的、神秘的、象形的形式，后来则是变得越来越抽象的概念化。

这并不意味着，人类有意地经历了从动物阶段到人类阶段的过渡，因此能够用科学范畴来复述这一过渡过程。它仅仅是指，我们——当我们说"人类"的时候——假定这个通过自我反思或者自我所确定的结构，不管该结构是否有意为之，都使得人类这种生物具有了"人类"的特点。从实证方面来看，不管曾经是什么，在成为人类之前：谈起人类这种生物，只可能指的是一种拥有自我概念或者是能够在自己的发展过程中形成此种概念的生物。那么，尤其是提及善与恶角度下的行为时，这种对人类产生影响的自我指涉形式来源于何处呢，精神分析和社会学并没有依据生物学上的自然原因，而是着眼于历史学角度的原始行为。在一个已经预先定好的因果律中，进化模式将人类定位成一种随机产物，现在取而代之的是历史模式。在这种模式下，人类的存在是始于自己的行为，而且似乎在"第一次"应用自己的判断力时就出错了。人类通过行动可以意识到自身，这种行动并不是独自发生在一个空空如也的空间内，而是一个集体的共同行为。

精神分析认为这样的一个集体是族长制的原始部落，它将被杀死的父亲所制定的法律内化为超我的精神结构，并且会培养自我意识，自我意识可以在自然要求和规范要求居间调停，如此便克服了自己在有意识之前的本我状态，而社会学的观点是，个人总归是社会环境的产物，社会环境或者是促进或者是阻碍个人的自我发展。但是，无论是族长制的权力机器还是社会的权力机器诱发了恶，只有当这表示行为人被免责，也就是说被免除恶了，才是重要的。从伦理学角度来看，如果某个行为不是被迫进行的，而是——或许只是预感——虽然知道什么是错，但仍旧进行这一恶行，对于这种前提条件下才发生的恶行，精神分析和社会学产生了截然不同的结论。精神分析将恶之责和恶之罪都归咎到儿子们身上，同时也免去了父亲的罪责。父亲没有在自我状态下运用自己的自由，虽然由于他的自恋性菲勒斯中心主义促使了恶的形成，但是从因果律上来说，这不是他所导致的。与之相反，社会学将恶固定在了自己造就的压抑性集体结构中，并且免去了个体的罪，个人本身只具有善的本性，但是它在体系中的发展会受到行为规范的阻碍。

这个相互矛盾的罪责分摊令人并不满意，因为它致使产生了一种恶的现象——表面上它重新使人类具有了行为资格，但是是以消极的方式。所缺乏的并不是——从社会学角度看来——将恶的形成史和它在基因进化中的自然史前史联系起来，而是需要构思一个认知视角，使得人们对恶只能做此理解：恶是善的反常行为。此善存在于神学中，对它的解释从上帝创世开始，这种善是恶的逻辑起点。

第三节　人类：由原始的自我决定所导致的善或恶吗？

旧约《创世记》这本书中写道，所有的一切都是由上帝创造的。上帝是一切的起源，由这个起源所得来的并不是随机产品，而是由上帝根据计划创造出来的艺术品。因为上帝自己在进行创造的时候并不是一蹴而就，所以他可以在创造宇宙的六天时间内，检查各个所完成的部分是否是成功的。在每一步之后，他都要确定一下"所创造的部分是好的"，这样，在第六天结束的时候，才能非常满意地确保一切都"很好"。最后，上帝又创造了动物，最终是一个人类。他为这个人类创建了伊甸园，这是这个人生活的地方，他自己要负责管理伊甸园，要求是——所有的果实都可以看作食物，除了善恶知识树上的苹果，如果他享用的话就会受到死亡威胁。然后，上帝还为这个孤单的亚当创造出了一个伴侣（参见旧约《创世记》：1-2）。

以上情况，就是善与恶在神学上的历史起点。天堂是一种绝对的、无法超越的、毫无矛盾的善或者超善的化身。对于第一个人类来说，上帝不仅仅是一切实然，也是一切应然的创造者。上帝通过许可和禁止这两项范畴来规范这个人摄取食物的方式。为什么他恰恰是将善恶知识树列为一项禁忌，而不是生命树或者是任何一种其他的植物呢？答案是未知的，因为上帝并没有为自己的命令说明理由。上帝是全能的，他不会被迫做出解释。但是，如果人们认为，一切善都是来源于上帝，那么他就不会公布任何一项专制的命令。由此我们就可以做出设想，上帝是想通过颁布禁令来保护第一批人类摆脱专制规定。但是，上帝究竟为什么又创造出了可能对亚当和夏娃有害的东西呢？可能因为这是无法避免的。当上帝想要这个人类成为一个与自己相像的人时，可能即使在原型中，善也不是上帝的一个永远固有不变的品质，而是一种行为的结果：上帝在创世之前，他就克服了自己潜在的恶，将它（以恶魔的形态）从体内排除出去，这才产生了善良，善又重新作为一种品质特征贯穿于创世的过程中。因为他对这个跟自己最相像的生物的要求并不比对自身的少，所以他不得不容忍与自由结伴同行的、由人类自我过失所产生的危险，但是通过颁布禁令，上帝试图使人类注意到这种危险。

接下来的故事是如何发展的，大家都已经知道。恰好是夏娃从道听途说中知道上帝的禁令，因为当上帝颁布这项禁令的时候，她并不存在，在受到蛇的引诱之后，她成为了牺牲品，蛇打消了夏娃的顾虑，在引诱她的时候，向她保证："你们将成为像上帝一样的存在，并且知道什么是善与恶"（旧约《创世记》：3，5）。夏娃可能知道自己违背了上帝的意愿，她咬了一口苹果，然后把它继续递给亚当，他也同样吃了苹果。后果是非常可怕的。上帝执行了他的判决，他诅咒了自己的创造物并且将他们逐出天堂。在这个果实累累的伊甸园之外，到处笼罩着惶恐和贫困，他们开始了生存斗争，随之而来的只有恐惧、疾病和痛苦。随着身体承受的这些灾难和身体衰退，人开始有限存在。但是在亚当死亡之前，他至少已经是930岁了（《创世记》：5，5）。然而，在他刚出生的两个儿子身上，他觉察到，当初由人类始祖带到这个世界上的恶仍继续存在着：

该隐杀死了他的兄弟亚伯。人性的恶最终蔓延开来，以至于上帝悔恨自己的创造（《创世记》：6，7），除了诺亚和聚集在诺亚方舟里的他的家人以及动物之外，上帝将其余所有的生物都淹死了，以此将所有不好的东西从地球上清除。

在天堂的这个传说中，人们关注的焦点是原罪，它是恶的起源。但是难以理解的是，这两个人类究竟错在何处，虽然他们没有听从自己的创造者的意愿，或者只是因为他们轻率、天真地以为，知道自己可以得到某种认识——这是值当的。他们仍然还不知道善与恶是什么——除了遵守上帝的命令是善，违背的话就是恶。但是这样的话，他们就失去想象力了，甚至也无法意识到自己的行为以及与之相关的罪责所产生的影响。这么看来的话，将亚当和夏娃逐出天堂就是上帝的过激反应了，原因可能是在于，上帝只是想让人类成为跟他相似的，而不是相同的生物："看，只要人类知道什么是善与恶，就成为我们这样了；现在他甚至还不知道伸出自己的手，吃掉生命之树上的果子然后永生！"（《创世记》：3，22）

即使人们不愿意认为这在一定程度上是上帝嫉妒人类，而是相信，上帝是想要人类做到最好，那么仍然存在这个问题——原罪使他们得知了什么，以及他们对于善与恶的了解和上帝对于二者的认识有何不同。那张裸体画很有启发性，既有积极的也有消极的意义。上帝用亚当的一根肋骨创造出了夏娃，并且向他们宣布，它"变成了一具肉体"，这之后，写道：

"他们两个人——这个男人和他的女人都是裸体的，他们并不感到羞耻"（《创世记》：2，25）。就在他们吃了善恶知识树果实后不久，他们的眼睛开始打开，并且发现自己是裸着的，紧接着他们就用无花果叶挡住自己露出的部分，并且羞愧地躲起来（《创世记》：3，7）。原罪之前，他们并不知道何为羞耻；他们的裸体所呈现出来的是肉体的无罪，毫不遮掩的目光表现出肉体的纯洁。而在原罪之后，同样赤裸的身体在被别人看到时，会避开别人的视线，这就暗示了，现在的肉体已经堕落了。只有当人们把享用禁果看作是将性欲原则绝对化时，以上才是有意义的。蛇是欲望的象征，夏娃的欲望使得她对这个看起来很美味的苹果产生了兴趣，另外，苹果也预示着智慧，蛇代表了夏娃心中天生的欲望，并且费尽口舌地让其去执行。上帝的禁令尤其激起了她那想要得到满足的欲望。

因此，比起上帝制定的原则，亚当和夏娃可能更喜欢性欲原则——但是，这个想法究竟在多大程度上算得上是一个错误或者误解呢？在使用人类自身的自由时，这两个人仍处在实验阶段，他们沦为了牺牲品。上帝给他们的宣判如此严重，甚至于将他们的行为定为罪恶，由此也就成为了恶之源——什么可以表明这一宣判是正确的呢？参照弗洛伊德的原始部落神话或许会对此很有帮助。在这个神话中，他将祖先被自己的儿子杀掉描写成首恶。现在，虽然人们不能杀死全能的上帝，但是在一定意义上，当亚当和夏娃忽视了上帝的命令时，就已经杀死上帝了。他们将自己的想法置于上帝的意愿之上，由此否认了自己的精神结构。而人类可以由它得知，精神结构在每一个方面都是超越自己的。即使他们不知道，善与恶指的是什么，对上帝权威的信任也足以使他们不去触碰善恶知识树。

但是，这样的话，他们从哪里可以获知，善与恶是什么呢？难道人类的尊严不就在于按照伦理学上的善与恶范畴来行事，并且从而获得道德自由吗？如果不是通过原罪的话，上帝如何知道善与恶之间的区别呢？在他体内难道也是有一种类似的"肉欲"原则战胜了道德原则吗？他也会彻底犯错，并且最终不可逆转地妖魔化吗？他是怎样成功地选择了善并且将善的绝对对立面剔除掉的呢？为什么亚当和夏娃就没有成功？所有的这一切问题都是引人深思的，圣经中没有对它们做出解答，所以这些问题最终也仍然是个谜。因此，人们从神学角度予以承认：

> 恶是并且一直是一个大的阻碍，关于它的来源的问题确确实实存在一个矛盾。……圣经中的原始人是上帝的创造物，他们本身就有恶的能力。……道德上产生分歧的原因仍然是个谜。……神学中的（上帝）许可（恶）概念并没有回答恶的来源和原因。……人们常常就像在真实的生活中那样对恶也会进行诗歌描写：它存在于善中，并且希望以它的

样子出现。作为不应该存在的事物,恶提出了问题:
来自于哪里?它是善的消极辩解,奇怪的是,善本
身也产生这样一个问题:善是如何来到这个世界上
的?[约瑟夫·贝恩哈特(J. Bernhardt),《恶》]

上帝是否是无所不能的,比如他本来是否能够阻止世间的
恶呢——如果是的话,那上帝为什么没有这样做呢;如果不是
的话,他为什么不能呢?这个问题在奥斯维辛和广岛事件之后
变得比之前任何一个时候都更加亟须解决。虽然人们在传统的
神学矛盾中——"上帝能够创造出一块足够重的石头,以至于
他自己也抬不起来吗?"——都是紧紧抓住上帝的万能,但是
人类在20世纪所犯下的人性罪行使得人们有必要重新思考这
个问题——上帝是否是人类行恶的共谋,这会致使"告别全能
的神"[君特·史威(Günther Schiwy)]。由此就排除了另一
种对恶的可能性解释,即上帝虽然是全能的,但是并不是绝对
善的,因为假设上帝是有恶愿并且有意行恶似乎比认为上帝软
弱无能,没有能力实行自己的善愿更令人无法接受。因此,汉
斯·约纳斯(Hans Jonas)认为:"并不是因为他不想,而是因
为他没有能力,所以上帝没有插手";因为"善良,也就是善
愿,是离不开我们的上帝观念的,并且不会受到任何的限制"
(《奥斯维辛之后的上帝观念:一个犹太人的声音》)。上帝并
不想作(自己已经预料到)恶,但是他不能阻止,除非把送给

人类意志自由作为代价。即使我们完全借用基督教的观点——由于爱，基督来到人类身边并且死在十字架上，以此来拯救他们，并由此认为上帝是虚弱的、受苦的，但是天主教新要理问答坚持相信上帝是全能的和善良的，并且否认以任何一种方式将上帝看作人类道德罪恶的共谋，它的始作俑者只有人类。

> 道德罪恶就这样来到了世界上，它比身体罪恶要严重得多。上帝不会以任何一种方式——既不会以直接的也不会以间接的方式成为人类道德罪恶的原因。但是他允许道德罪恶，因为他重视自己创造物的自由，并且他以非常秘密的方式知道如何将恶变为善。……全能的上帝……是无限善良的，如果他没有万能和善良到甚至可以从恶中培育出善，他是不可能容忍自己的作品中有任何的恶存在的。

奥斯维辛是"至今为止，所有道德罪恶中最严重的"（《告别全能的上帝》）。在史威看来，难以理解的是，各个不同教派的神学家都声明——奥斯维辛是实现善的手段，他们似乎是为了清楚地指出善与恶之间的反差对比以及上帝和人类之间的距离。有人认为应该去除上帝在创世时所犯的罪责［君特·安德斯（Günther Anders）］或者坚持上帝是全能的，将他为恶所承担的责任恰好解释为他拥有的力量［瓦尔特·格罗斯（Walter

Gross）和卡尔－约瑟夫·库舍尔（Karl-Josef Kuschel）] ——
这些态度对于史威来说都是过时的，因为正如奥斯维辛所揭示
的那样，它们既不"符合"人类的邪恶程度，也不"符合"上
帝的无能程度（《告别全能的上帝》）。那么，鉴于人类使自己
的同类生物遭受了并且不停使之遭受巨大痛苦，人们对全能神
的这个论点提出了质疑并且揭示其为政治学上的一个"男性幻
想"——将权力看作是极善。史威和皮埃尔·泰亚尔·德·夏
尔丹（Pierre Teilhard de Chardin）都支持上帝决定进化的观点，
上帝的创世是一个还没有完成的过程，它一直在形成中（出处
同上），并且接近于完成了。"进化是上帝的馈赠，它成为了人
类的任务"（出处同上），人类要承担起责任，结束这个宇宙试
验——在这个过程中，上帝开始了自己的冒险旅程，他剥夺了
自我权力，同时给予人类自由权，这一切并不是以预先规划
好的固定轨道——所有的人性邪恶最终都有一个令人快乐的结
局——运行，事实上走的是一些危险的小路和容易让人走错的
路，这也就有可能导致进化的失败。即使上帝预见到的不是一
个恐怖的结局，而是一个好的结局，但是歧途会使得他所授权
的这些人类去追寻自我目标，这对于不懈努力想要行善的上帝
来说，必定是一件永无止境的恐怖的事。

　　与生物进化学、精神分析学和社会学对善与恶的起源史所
做的解释相比，神学给出的解释具有的优势是：在完全自然
的，并从这一点上来说不规范的情况下，不会存在关于规范制

度产生的问题。如果在一开始的时候，所有的事物都具有一个绝对善的精神结构，它可以制定规则，将善与恶定为人类行为的准则，这样的话，那关于从实然中产生应然的这个问题就显得多余了。但是人类现在就会遇到两个新的问题：（1）人类的自然史是如何融入到应然历史中的呢？（2）从绝对善中如何产生了它的绝对对立面，也就是与善相反的恶呢？

圣经中所写的创世历史就回答了第一个问题：上帝不仅仅是应然，也是实然的发起人。由此，第二个问题就成了整个问题的关键。如果上帝是全能、仁慈的，那么关于恶——毋庸置疑，实际生活中确实存在——的来源的问题就仍然没有得到解答，因为上帝是一个无法逾越的善者，他也会想将自己的创造物塑造成善的事物，所以在这个过程中不会从中产生邪恶。将人类看作邪恶的唯一行为人，这就意味着，人类认为自己还受到了神之外的其他因子的影响，但是这样的话就违背了最初的假设，即上帝是万物的绝对开端。虽然上帝能够创造这个世界，但是由于他的善良，他赋予人类自我决定的自由，并且交出了对自由的支配权，如果从这一点上说明上帝不是全能的，那么为什么人类对于自由的使用跟自己的创造者不同呢，这个问题又重新变得让人无法理解。最后一种对于恶的存在的解释也失败了，原因在于认为上帝是无能的，他不可能一蹴而就，而是一个在进化中的上帝，这种假设给上帝的善良带来了消极的影响。因为如果人们不能肯定上帝是否能在自我发展进程的末期，依靠人类的帮助，来真正实现至善，那么这个上帝的善良就只有在历史的进程中才会得到证实，更准确地来说：是在历史的末期，这时他——作为一个存在的或者是已经毁灭的上帝——就可以总结，从自己最初的善意中产生了哪些积极和消极的影响。因此，在最后的审判中，上帝不必对人类，而是对自己进行审判，并且要在一场公正的判决中权衡自己的失误和功绩。这样的话，即使上帝本不想犯如此严重的罪，并且人类因此也原谅了上帝，那也毫无疑问，奥斯维辛将不再仅仅是个差错。如果能够提供证据证明被告不仅本来不想导致如此可怕的后果，而且根据人类的判断，也无法事先预见到这些后果的话，那么在人类的法庭中，将宽容地取消判决。但是，人类会将这个减罪理由也运用到上帝身上吗？这将意味着，人类除了认为上帝不是万能的之外，也不得不否认他是无所不知的。这样，上帝就只剩下纯粹的善了——没有权力行善，并且不知道他自己和他的创造都会变成什么。

但是从人类的角度来看，发展中的上帝这个假说令人并不满意，因为减轻人类的所有责任和罪恶，这是与人类拥有自由相矛盾的。人类是有自我意识的生物，他们将自己承担个人责任，并且将自己视为善与恶的行为人——不受自然法令和宗教规定的影响，这些规定使得有需求的、生命有限的生物不可能享有绝对自由，但是很可能允许他们在实践中进行自我决定时拥有道德自由。

拉克坦提乌斯是一位3世纪时期的北非基督教作家，他对神义论问题进行了如下简要总结：

> 要么是上帝不想也不能将恶从这个世界上清除，要么是他能但不想将恶从这个世界上清除，要么是他不能也不想将恶从这个世界上清除，要么最终是他想并且也能将恶从这个世界上清除。如果是他想但不能从世上除去恶的话，那么这就是一种无能，这是与上帝的存在相矛盾的；如果他能但是不想除去恶的话，那么这就是恶毒，这同样违背了他的本性；如果他不想也不能除去恶的话，那么这就同时说明了他的恶毒和无能；如果他想并且也能够除去恶的话——这是符合神性本质的唯一情况：那么世界上的恶究竟是来源于何处？（《上帝的愤怒》）

这一困境使人联想起古代神话中关于潘多拉魔盒的两个版本。宙斯指示赫菲斯托斯和雅典娜创造一个女人。她的名字是潘多拉，因为她获得了众神的恩赐。埃庇米修斯不顾所有人的警告将潘多拉留在自己身边，由此，她成功地将邪恶带到了世上。根据其中的一个版本，当她打开这个盒子的盖子时，神的恩赐就会逃脱，并且除了希望之外，其余全部都回到了赠予者那里，结果就是，人类被剥夺了善良；而根据另一个版本，潘多拉用她的魔盒带来了所有的罪恶，并且在人间把它们放出。在这两种情况下，众神都对恶负有部分责任，在第一种情况下是因为他们允许夺走人类的善，在最后一种情况下是因为邪恶被散播到了人间。

第三章 ——— 哲学上对善与恶的解释

　　古代哲学家就已经思考过恶，他们无法否认恶的真实性，但是也无法对其做出解释，因为他们将宇宙理解为一个完美的、和谐的整体。在这里，对于有害的、糟糕的、无序的、无形的和邪恶的事物来说，事实上是没有它们的容身之处的。他们认为，只有人类才是邪恶的行为人，人类不知怎么地从宇宙秩序中脱离出来并失去了自己的方向。因此，柏拉图在《斐多篇》中的神话里描述道，灵魂最初存在于乌拉诺斯中，在那里它们与神一起观看了各种想法。然而，观看想法（Ideenschau）不应该被认为是沉浸在真实、善良和美好本身的意义上，而应该被理解为一个动态的获取意义概念的过程。因此，柏拉图把这个观看的过程描述为一种运动过程，在这个过程中，灵魂穿过苍穹，这时它们看到了真实的存在——全然是这种存在产生了灵魂。然而，人类的灵魂并不像众神的那样是一个结合在一起的力量，而是分成三部分。柏拉图把它们比作一驾马车，它有一匹顺从的马和一匹不驯的马，它们必须在车夫的指挥下全力以赴地保持走在正确的道路上。如果他放松缰绳，野马占上风，马车就会走错路线并且坠毁。堕落的灵魂又会重新出现在身体中，因为它的理性部分无法控制欲望部分，从而使后者战胜了理性和慎重的部分。物质欲望将灵魂拖入到低地中，这里尽是短暂的物质东西，而在天空之上处则是它的极端对立面——永恒有效的精神思想意义。

这种宇宙事故是无法预见的；灵魂发生了这种事，但是却并没有由此真正解开邪恶之谜。为什么人类的灵魂会受到更坏情绪的影响，使得它们尤其难以遵循自己的理性驱力呢？它的原因就跟实际所发生的陷入到物质中的原因一样，二者都仍未得到解释。在另一个神话中——在《理想国》对话的结尾处，有一个关于生活选择的神话，柏拉图并没有将人类在人世间的罪都推到命运身上，而是应该由人类自己承担罪。也就是说，躯体拥有的某种生命是因为受到了惩罚，因为在他的上一次生命中，人类没能成功地从物质欲望中解脱，也没能通过精神活动——通过对纯粹理性科学的辩证运用，以及在道德行为中的实践——获得自己的理性。这个灵魂已经失败过了，但是，在他进入到另一个躯体之前，他又重新得到了下一个机会，这样的话，下次他就可以做得更好。他可以从各种各样的生活模式中选取一种新的生活形式，这些生活模式从僭主到哲学家应有尽有。在做选择时，对于他们来说重要的是，要参照自己已经有过的生活经验来正确面对展现在自己跟前的各种命运。所需要的是实际的判断力，它能够以道德善良的标准来彻底检验摆在面前的各种生活模式，并防止其草率地选择权力、名誉和财富，而忽视了其他附属品。对于灵魂如何运用善良这一标准来选择自己未来的生活，灵魂自身负有全部责任，但事先会明

确地再三提醒他们，并给予提示：神是毫不留情的命运执行
者，一旦灵魂做出决定，神将负责看管他们的命运不变地进行
下去：

> 诸多一日之魂，你们包括死亡的另一轮回的新
> 生即将开始了。不是神决定你们的命运，是你们自
> 己选择命运。谁拈得第一号，谁就头一个挑选自己
> 将来必须度过的生活。美德任人自取。每个人将来
> 有多少美德，他全看对它重视到何种程度。过错由选
> 择者自己负责，与神无涉及。(《理想国》)

柏拉图关于恶的起源进行了神话式的汇报，这其中呈
现出了三种类型的恶，分别被称为形而上学的恶（malum
metaphysicum）、道德的恶（malum morale）和形体的恶（mala
physica），它们各自的相反概念——形而上学的善、道德的善
和形体的善（bonum）——被设定为规范，恶会对它们进行否
认、歪曲。柏拉图以及这之后他的学生亚里士多德都想基于原
始的、一致的善来解释恶，但他们认为没有人故意作恶，因此
两人对此都无计可施。如果说恶意就是指某个人知道什么是不
好的，还故意去做，这在希腊人身上是很少见的。因此柏拉
图和亚里士多德的观点都是，人类是在不知道善的情况下做错
了，只要有人说明他们的错误，他们就会自己去做善事。人在

追求恶的时候，并没有把它当作恶，而仅仅是当作一种误解的（错误的）善。曾经被确认为邪恶的事物，因为不值得人类渴求，所以人类不被允许为此付出努力，而是被迫逃离它。

第一节　形而上学解释模式

　　形而上学结构是对世界的总体构思，在这同时，产生了本体论和认识论原则，这是构成存在和认知事物的基础。因此，形而上学研究的不是个体，而是重构原则，为此必须假定所有事物都是这些原则存在、形成、变化过程和运动过程以及使其自身具有可识别性的原因。拉丁语中principium（希腊语archē）这个词的意思是开端；相应地，形而上学思维的目标是将存在和知识作为所有假设的开端，否则就无法对客观存在进行有意义的（客观的）讨论。所以，原则指的不是经验开端（原因），而是分类条件，在这些条件下，所有的"事实"陈述，包括自然科学中的法律陈述在内都是先验。

　　形而上学的原理结构以规范的形式来呈现宇宙整体，因此会将无尽的物质多样性缩减成尽可能少的假设，而它们无非是以最终原则（一元论）或两个彼此独立的、互相矛盾的原则（二元论）为基础。尽管善与恶在一元系统中是一个难以解决的问题，但在二元体系中还是有解决的余地的，代价就是将整个世界撕裂开来，而且只能是通过一些极其大胆的假设才可以将这个世界重新统一为一个相互关联的整体。因此，关于形而上学的善与恶，人们只能以问题分析的形式来讨论，虽然没有找到答案，但是也不能放弃这些概念。

一元论模型

我们从一元模型开始吧。普罗提诺（公元3世纪）对此做出了尝试，他提出了所谓的"流溢说"，即从一个超验的太一中派生出所有的存在，他认为太一是绝对充盈的，最初的一切都是未分化、无区别地聚在这里。太一是如此的充盈，以至于挣脱了统一体。它一遍又一遍地流淌下来：进行流溢了。人们认为这在一定程度上与基督教的创世理念接近，但也与进化论有着密切关系，进化论同样也是假设宇宙开始于一种爆炸，不同之处在于，宇宙大爆炸使得"益生元汤"四处飞溅，由此形成了世界，人们会把它类比作一个沸腾的蒸汽锅炉，认为宇宙大爆炸是一个因果事件，而太一的流溢是神圣的能量自我渗出的结果。因此，普罗提诺描述了一种相反的进化，在这种进化过程中，没有产生反思性和自我意识更强的生物体，反而这些由上帝流溢出的事物离开它的源头越远，那么就可以确定它们所拥有的反思性越少。这种从上往下以降级运动形式发生的流溢过程，在各个不同的万物等级——普罗提诺将其称为本体——上都是静止不动的。首先产生的是神圣精神，然后是世界灵魂，最后是生命体，最终是无形的物质。随着生成的物质越来越多，同时会成比例地损失精神、非物质性事物，所以在流溢结束的时候，与自我发光的源头相比，现在是与之相对的黯然的物质，他们是邪恶的化身。(参见《九章集》)

各个本体均在善方面呈现出不足，普罗提诺在确定它们缺乏的程度时是依据它们各自的能力——是否能够回归到源头以及通过从下往上的去物质化（抽象）运动是否能够重新具有精神，如此便可通过上一等级的凝聚力找到重新跟上帝统一的道路。物质化程度越高，万物越难以向上回溯，也越难以重新认识到绝对太一是自己的源头。物质是完全不灵活的、无定形的事物，缺乏一致性、神圣性，而这两方面正是物质的极端对立面。人是中间生物，位于等级的中心：他的思想推动他向上回到太一，他的身体拉着他向下成为物质，因此就产生了分裂。灵魂是一个场所，在这里各种不同的目标追求产生分歧，灵魂决定了向善还是向恶。普罗提诺将灵魂的持续干涉描述为一种来源于自身的运动：灵魂以向内、以自我为中心的圆周运动形式来进行活动，最终使自己成为精神或自我意识。如果灵魂是向外运动，远离自我，在一定程度上到达了它所描述的圆周边缘的话，那么它在每一刻都会因为自身的不断运动而看到各种不同的东西，因此它的中心就分解成为无限的多样性。此时只能是重新找到自我中心，通过精神能力回忆起自己来源自绝对太一，达到了这个统一的条件，它才能重新找到自己的中心。只要灵魂能够重新将多样性与它们中心的太一建立起联系，那么它就完成了自己的活动。然而，如果输给了多样性的话，它就会沉浸到纯粹的感知和情欲之中，这时只想得到物质的满足，直到最后完全与物质纠缠在一起，就没有运动的能力了，并且会保持在邪恶的状态中。善良是一种能够产生身份认同的品质，它是灵魂的本质，但邪恶会用惰性来阻止其辨认出太一，由此就会破坏善的存在（参见《九章集》）。

普罗提诺的模型在以善与恶为例解释对立面的来源时，将一元形而上学理论的困境令人印象深刻地呈现了出来。如果所有的存在都是由太一流溢产生的，并且太一被看作一个自我统一的超善，那么就不会存在邪恶了，因为从绝对的善中是不可能派生出它的绝对对立面，它们是相互矛盾的。最终，问题变得更加尖锐——散布于宇宙中的充盈和太一中尚未分化的、不可估量的充盈究竟有多大程度的区别。显然，这种充盈的质量在流溢的过程中会减少，或者是因为上帝本身无法继续保证其质量，或者是因为他失去了对流溢出去的事物的控制。尽管如此，人们仍然无法解释，为什么在起初的时候，万物都是善的，而在神圣的自我放弃结束之时，为什么物质似乎就成为了被精神否认的、流溢出的废渣呢？反之，如果人们认为源头中就潜伏着邪恶的话，然后在流溢的过程中暴露出来，那么就无法再认为太一是至善的，由此上帝概念也将会失效。

　　为了摆脱这个困境，普罗提诺用到的解决方法是——在他看来，邪恶不应该（真实）存在。既然除了太一以外没有其他的起源，并且从中不可能产生任何邪恶，那么就不存在邪恶。但是，如果邪恶不是真实的存在，那么就必须澄清这种不存在的含义以及它对这个世界的影响。普罗提诺尝试着对其做出解释，他不是借由太一来寻求其真正的原因，而是寻求可能产生邪恶的（思维）逻辑条件。他从太一的活动和行为中发现了该条件。太一进行自我生产，这就必然会形成一种二元性——一种自我对立面：生产者和被生产者。进行自我生产的太一既具有与自我完全相同的事物，同时又具有与自身不同的事物：它是自己本身和非本身。但是，由此世界上就产生了否定，因为相同与差异、立场与否定的关系延伸到了流溢过程中的所有等级中。只要能成功地将这些对立面积极团结在一起，万物就都是善的。然而，只要消极的一面——不是太一的那一面——与积极的一面分离并独立出来，邪恶就会以一种否定的方式出现，即作为善的颠倒（perversio）和剥夺（privatio）。诚然，从本体论来看，善优先于恶，只要没有原始的恶，恶仅仅是以一种被否定的善为存在形式，但即便如此，这种恶也是真实存在的。恶即为不善，它是善的对立面：无意识，仅仅是物质（参见《九章集》）。把威廉·布施的话颠倒过来——那么人们将最终可以得出普罗提诺的结论：恶就是人类许可的善。

　　一位17世纪的形而上学家——巴鲁赫·德·斯宾诺莎（Benedictus de Spinoza）也尝试在他的演绎系统中把几何学（more geometrico）作为唯一的原理基础对善与恶进行一元论解释。然而，与普罗提诺不同的是，他并不认为是上帝通过流溢导致了让渡，而是支持一种内在论学说。根据此学说，上帝自己保留了这种充盈，并从思维上对其进行了区分。位于斯宾诺莎的系统顶端的是一个绝对的、无限的实体，这是一种无条件的开端，人们认为它具有自我起源性，即自因（causa sui）。自身是自身存在的原因。作为实体具有自身属性，并继续通过自我决定来进一步对其详细说明，直到这个上帝实体中所包含的一切都被精神看清为止，通过这种方式就将自我本质变成了存在。人的智力是有限的，他只能掌握上帝无限属性中的两种：广延——一切物质的条件，思维——一切精神的条件。从人的角度来看，这两个基本谓词是彼此不可追溯的，因此它们建立了客观存在和精神存在这两个独立的领域。上帝作为自因，当他的实体崩溃时，人类就会分崩离析，只能在重构上帝的自我本源时才能将其重新凝聚在一起。身体和思想之间不存在相互关系。身体总是只对身体产生影响，思想只对思想发挥作用：没有一种思想可以对身体产生影响，也没有一种身体运动可以带来一个想法。但是，为了能够解释为什么在我们的自我经验中，我们自然而然地认为身体和精神之间具有相互作用，斯宾诺莎假设存在一种身心平行论，根据这种平行关系，身体方面的变化总是对应于思维方面的变化，反之亦然。从上帝的角度来看，这两个彼此不相关的运作过程之间的对应关系是上帝自我发展的表达形式，它是一个自我统一的过程，但可以从不同的方面表现出来，这些方面在上帝实体中具有同一性（参见《伦理学》）。

这种通过内在分化产生自我实体的情况表明，斯宾诺莎的理论也不能解决善与恶的问题。虽然斯宾诺莎承认人是自由的，并且认识到上帝是善的，因为上帝能够让人类充分践行自己的规范，并且压制那些违背人类本性的冲动，但是在他的泛神论体系中显然根本就不存在一种背离了上帝自由的人类自由，在这个泛神论体系中存在的所有事物都归上帝所有。因此，邪恶就只能是上帝这个自因所带来的一个无心的副作用，或者是在上帝退化过程中的一次始料未及的失败。但这两者都与上帝的概念相抵触。

在18世纪初，戈特弗里德·威廉·莱布尼茨（Gottfried Wilhelm Leibniz）强烈坚持，上帝不该对世界上的罪恶负责。如果他创造的世界不是所有可能产生的世界中最好的，那么上帝就将不会是上帝。如果一个世界没有恶意和身体上的恶会变得更好的话，那上帝无疑会创造出这样的一个（《神正论》）。莱布尼茨跟斯宾诺莎一样，都把上帝作为宇宙唯一的原因，并将身体和心理过程的平行性归因于预先设定好的和谐——上帝从一开始就精确地协调身体和心理领域的各个过程，由此可以保证这一点。它们就像两个共模的时钟一样，但彼此不会产生影响。除了这个普遍的整体协调之外，同时还有一个每时每刻都在进行的微调，借助于这种方式，上帝通过闪电般的干预（闪光）使各个作用中心——被称为单子，由它们组成了宇宙——正常发挥功能（参见《理性原则》，《单子论》）。

在这个由上帝用最好的方式建造出的并且永远受到监督的宇宙中，究竟为什么会有邪恶的东西存在呢？答案仍然是不明了的，让人更不理解的是，虽然仍然存在邪恶，但是上帝不是它的始作俑者——这恰恰正是莱布尼茨的见解。尽管他也承认，如果上帝不知道、不允许的话，世界上不会发生任何事情（《神正论》）。为了说明这一点，他列举了以下比较重要的论点：

（1）恶有助于创造一种本来无法实现的善，或者防止产生更大的恶。

（2）神的智力是理想的（不是真正的！）善因，同时也必然是理想的恶因（逻辑条件），它与善都有可能得到潜在否定。

（3）上帝首先要求善良，然后是想要最好，由此上帝允许邪恶的存在，目的是防止产生更糟糕的事物。

（4）如果上帝否认道德上的恶（罪恶、邪恶、恶意）和身体上的恶，那么他将会违反自己的本性——他的智慧、善良和完美。因为这样的话，上帝就不得不停止把人类创造成为一种具有理性的智力机器，此时人类可以根据自己的认识来行动。然而，一个没有理性生物的世界也没怎么有价值。

（5）即使理性的恩赐给人类带来更多的是恶果，而不是善果，但是鉴于宇宙的完美，就整体而言，它会比没有理性和自由决定更好。

（《神正论》）

莱布尼茨由这些论点得出的结论是，上帝创造出的只可能是最好的世界，所以他不得不允许邪恶的存在。承认恶并不意味着参与或者成为共谋，因为对于上帝来说别无他选：只有容忍恶才能拥有善。但即使上帝不是世间邪恶的制造者，我们就真的要让人类成为替罪羊吗？莱布尼茨将人类学也融入到了宇宙论中，因此人类单子基本上完全没有可能脱离宇宙系统的决定论结构或者消极运用自己的理性。而且这毕竟也不会发挥任何作用，因为在这个——所有世界中最好的——世界里，个人做什么并不重要。在任何情况下，无论人们搞何种破坏，都是上帝的总纲领说了算。如果人类有朝一日在全球灭亡中也被消灭了，那么从上帝的角度来看，这将仍然是最好的解决方案吗？

在19世纪初的时候，谢林（Schelling）从形而上学的角度以不同的方式来处理善与恶的问题，他重新定义了上帝概念，并且从上帝自由和人类自由的复杂关系中找到了一个解释恶的方法。对于上帝的传统理解是，他从一开始就是一个成熟的、自我完美的实体，与之形成对比的是谢林构想出了一个在形成中的并终将达到完美的上帝。可以肯定的是，他在自己的文章《论人类自由的本质》(1809)中和斯宾诺莎有同样的观点，都认为上帝具有自我起源性，但从内在的生成逻辑上来看，这并不是指他具有自我因果性，而是一种类似于诞生的自我实现过程：上帝生成自身。他不会保留自我创造的本质，而是会将其脱离上帝的保护并释放出来。

这个观点——上帝生成自身——的重点在于，上帝不会始终拥有不可剥夺的善良；相反，他必须首先创造出善，由此他才能将自身评定为善，从而成为上帝。当恶有可能取代善时，他也只能排除这种可能性来做善事。如果有人认为对于上帝来说，选择行善是一件很容易的事，那么谢林会对他进行另一番教导。他用宏伟的画面描述了上帝身上发生的两个原则之间的争斗：一种自私（收缩）的原则和一种向外（扩张）的原则。如果自私的原则占上风并且上帝选择将自己的本性变为永恒，那么显然他就不能成为上帝了。但是这也就意味着上帝并没有实现自己善的本质，由此也就承认了恶，即非善的存在。这种恶并不是一种世俗的恶，恰恰是因为上帝是自我封闭的，而邪恶的破坏力会导致上帝内在的自我毁灭：一个充满邪恶的自我封闭的上帝会成为自己的恶魔并且失去神性。然而，上帝由于热爱他创造的善，所以会努力给予启示，从而使邪恶的不可能性得以实现。但是这样的话，对于已经生成的、转让权力的上帝来说，又开始了这两个相反原则之间的斗争。上帝不能使自己的创造物避开这两项原则，因为他正是通过这两个原则免除了致善的条件——自由，就这点而言，其实是剥夺了这个世界的神性。在上帝发展过程中的一些阶段，上帝虽然已经决心进行启示，但是还没有完全让理性之光穿过他的黑暗之地。如果无机物和有机体的存在归功于上述阶段的话，那么人类就已经到达了进化的阶段，此时上帝看清了绝对自我。上帝使人类独立，并且给予其自由，人类必须通过选择善与恶来证明这种自由，但人类必须在经验条件下做出决定。上帝可以在两种精神形式——善良精神的自我渗出和邪恶精神的自我封闭——之间做出选择。

人类与上帝不同，对于人类来说，这两个原则涉及完全不同的领域，他们会确定这两个原则的优先顺序。扩张性原则支配着理性的领域，而在感性——物质领域则是收缩性原则占主导地位。在人类身上，这两个原则会争夺优先地位，人类通过自由行为选择了感性原则，从而将有限性绝对化，由此，谢林确定了什么是邪恶——感性本身并不是邪恶，而是因为人类自由选择了感性，将它看作至善，如此使得邪恶来到了这个世界。有限性绝对化之后，通过这种方式，上帝的本质并没有变得明显，因此人们就会错过这一本质，因为对于人类来说，善良是封闭自我而使得自我占有（上帝是精神方面的，人类是物质方面的）的反向运动，即为了他人的自由开放自我。与前辈们不同的是，谢林认为邪恶不是对善的否定或者由于善的缺乏导致的，而是具有一个清晰明确的意义：在完全承认感性原则的同时，邪恶就被确定为非—善。由此恶就呈现出了一些独立自主的东西，它只在逻辑上与善——善是恶的对立面，它被恶否定——相关，事实上它也拥有了自己的地位。

谢林试图在上帝自由的进化和人类自由的进化这一背景下从形而上学角度对善与恶进行定位，毫无疑问这次投机行为获得了成功。尽管如此，许多难题和突出问题仍然悬而未决。正在进化的神和已经完成进化的上帝之间如此巨大的差异是如何产生的呢？人们一直都有这样一个问题：为什么上帝没有创造出一个完全相同的自我克隆体呢？现在这个问题已经没有意义了，因为它不是一个新的创作，而只是一个单纯的重复过程。但是对于人类来说，上帝辛苦的自我创造过程持续了多个阶段，这产生了致命的后果，因为这样就给他未完工的自然产品施加了罪责，这些自然产品是由上帝的无意识和意识之前产生的，如此后果使得人类更加难以运用自由。即使上帝在人类身上已经达到了自我精神渗透的最高水平，人类也必须应对自我存在的有限性——这是这位已然永生的上帝留给人类的，而人类只有有限的时间来实现这种善。问题是，当人类——被两个相反的原则来回拽拉——被告知要顺服上帝作为自己的榜样时，这难道对于他们来说，不是一个无望的过分要求吗？毕竟，他们首先坚持的是对他们来说最可靠的东西——物质，在一个充满矛盾的世界中，人们坚定地保持着物质的感性特质。这其实也并不奇怪。因此，似乎很难去指责他们的恶。即使上帝必须首先学会正确使用他的自由，与此同时，自然也必须为——产生自上帝自我创造的意识之前阶段——不完善的产品付出学费，那么这个学习过程对于上帝有限的创造物来说也必定要费劲得多，这就会使得他们不可能立即就成为一件杰作，而是首先制造出了"废品"。

二元论模型

谢林试图通过上帝的自我生成过程来重构善与恶的起源，结果是，上帝（1）总的来说是决定善与恶可能性的条件，而且（2）通过排除自身恶而成为了实现善的条件；人类是一种被授予了自由的生物，（3）受到决定善恶可能性条件的约束，并且（4）以上帝实现的善为榜样，但是（5）他们排除了上帝的善，选择留下了善的对立面，由此导致了邪恶的存在。在这方面来说，只有人类才是实现恶的始作俑者。

从谢林的一元论模型到二元论模型，仅仅是迈出了一小步，因为对此人们只需要将两个相反的原则设定为各自独立的力，它们都想成为上帝身上的优势力量，由此，从起初毫无矛盾的一元中是如何产生了二元性的这个问题就再也不存在了：从一开始就有分裂。现在，所有事情都集中在这个问题上——

起初的二元性是如何占据主导地位的。然而，二元论呈现出的只是一种假象优势，因为二元性的起源问题仍然没有得到解答。绝对二元性是一切存在的真实开端——这就跟绝对一元性一样令人恼火。尽管如此，特别是在古代波斯，人们主张的仍然是二元论形而上学，比如查拉图斯特拉（Zoroaster，也称为Zarathustra，公元前1000年至公元前600年），他认为有两种宇宙原力，它们分别是由化身为善的光之神［阿胡拉·马兹达（Ahura-Mazda］和化身为恶的黑暗之神［安格拉·曼纽（Angra Mainju）］产生影响。双神争霸也使得人类必须做出选择。在他们的实践中，人类必须加入善良的上帝的一边，以便在阿胡拉·马兹达的护卫之下，正义（Asa）战胜谎言（Drug），谎言是恶的化身，从而保护宇宙免遭毁灭。

摩尼（Mani），也是一个波斯人（公元3世纪），他创立了所谓的摩尼教，同样也把善与恶归于光明之神和黑暗之神，他们分别代表了现实中所存在的善与恶的势力。人类的身体本能会将他吸引到物质的黑暗中，由此人类就成为了邪恶帝国的囚犯，但是他的灵魂使他有机会在光明使者的帮助下升入善的境界。任何在生命中摆脱了邪恶势力的人终将会在世界末日之时摆脱邪恶，经过了光明的胜利之后，这两个起初分离然后混合的领域之中只剩下了善的那一个。

奥古斯丁（公元4/5世纪）在皈依基督教之前是摩尼教的追随者，他对于邪恶的相关概念发人深省。他认为，

> 为此我也相信存在着恶的本体，是一团可怖的、
> 丑陋的、重浊的东西——摩尼教名之为"地"——
> 或是一种飘忽轻浮的气体，这是他们想象中在地上
> 爬行的恶神。由于我尚有一些宗教情感，我不得不
> 相信善神不能创造恶的本体，因此我把这团东西和
> 善对峙着，二者都是无限的，恶的势力比较小，善
> 的势力比较大；从这个害人的原则上，产生了其他
> 一切侮辱神明的谬论。(《忏悔录》)[1]

　　他认为有两种同样原始的、相互敌对的本体。年轻的奥古斯丁由此得出了这样的结论："并不是我们有罪，而是我们体内有一种未知的、陌生的天性"(出处同上)。人类似乎已经被免除了所有的罪，因为现在的恶之源在人类本身之外。因此，他认为基督教关于上帝化身和人类原罪的教义令人极其难以忍受，但是这其中包含了两个假设：一方面，光明之神已经陷入到黑暗中，并且被物质染指；另一方面，并非恶的实体是邪恶的原因，人类是由于自己的自由意志才犯了罪，比起精神享受，人类偏爱物质上的快乐，从而自己创造出黑暗王国。持续的怀疑使他受尽折磨，奥古斯丁最终下决心皈依基督教并发誓放弃摩尼教：

1　奥古斯丁著，周世良译：《忏悔录》，商务印书馆1996年版，第85页。——译注

　　……但对于恶的来源问题，我还不能答复，还
不能解决。不论恶的来源如何，我认为研究的结果
不应迫使我相信不能变化的天主是可能变化的，否
则我自己成为我研究的对象了。我很放心地进行研
究，我是确切认识到我所竭力回避的那些人所说
的并非真理，因为我看到这些人在研究恶的来源
时，本身就充满了罪恶，他们宁愿说你的本体受罪
恶的影响，不肯承认自己犯罪作恶。我听说我们所
以作恶的原因是自由意志……我对于这两点竭力探
究……因此我愿意或不愿意，我确知愿或不愿的是
我自己，不是另一人；我也日益看出这是我犯罪
的原因……那么为何我愿作恶而不愿从善。（出处
同上）[1]

　　莱布尼茨甚至指责摩尼教徒"胆大妄为，让神成为自己不
道德行为的同谋"。他们模仿古代的异教徒，"把自己的罪行归
因于神，就好像神在驱使他们做恶行"（《神正论》）。

　　无论人们怎么看，神义论的两难困境都无法解决：如果人
们是从一元论的单一原则出发，就很难免除上帝作为人类恶行

---

1 奥古斯丁著，周世良译：《忏悔录》，商务印书馆1996年版，第115、116页。——
　译注

同谋的罪名以及让人类独自承担所有的罪。如果是从二元论的两个原则来看，那么人类就会被无罪释放，但是代价是他的自由：他沦落成为两个对立势力的争吵主题，却不能对它们施加任何影响。最后，二元论模式并不令人满意，因为它预设存在善的力与恶的力，却没有解释这两种力的起源，更不用说讲明白为什么以及如何判断一方是善的，而另一方是恶的。

在形而上学方面，人们最终尝试着让一元论中的一元性和二元论的二元性合并在一起，就比如在《易经》（*Buch der Wandlung*）中提出的中国古代哲学即是如此，但是该尝试的失败之处就在于阴与阳所指的并不是真正的极端对立面，它们之间是相互依存的关系，如山和谷、天和地般相辅相成。在一种如此和谐的模式中绝不可能产生另外一种假定，因此它不适合用来介绍极端对立体，比如善与恶，因为它们不可能成为一个整体，而是相互排斥。

第二节　伦理学解释模式

事实已经表明，人的尊严与自由概念密不可分，因此，恶只能归因于人类个体身上，这与上帝是否对其负有部分责任没有关系。如果人们无视形而上学方面的研究并且将注意力放在分析善举与恶行的先决条件上，那么伦理学就会发挥作用，它所研究的是道德实践和这种实践的道德条件。1792年，康德发表了一篇名为《论人性中的根本恶》(*Über das radikale Böse in der menschlichen Natur*) 的论文，在这篇文章中，他从道德进化的角度研究了善与恶的起源问题。这里有四种可能性，诗人、历史学家、神学家、哲学家和教育家对此的评价也各不相同。(1) 人类的历史一开始是善的（天堂，黄金时代），然后在衰落的过程中逐渐变成了恶。(2) 起初的历史较为恶劣、不那么完美，然后稳步向好，因为人类有向善的道德本质。(3) 一开始时，一切都是毫无差别的，善与恶的此岸也是，从这种毫无差别中发展出了道德观点以及道德范畴的善恶格局。(4) 起初存在的是善与恶的混合体，它们在人类实践的历史发展过程中彼此区分开来。

对于康德而言，这些论点都涉及到了时间史方面的（历史）开端问题，由此就产生了以下这个尖锐的问题：当我们说，人类天生是善的、恶的、既不善也不恶、既善又恶，都分别意味着什么呢？康德回答道：我们必须假设有这样的一个开端，因为善与恶是随着人类的历史产生的，但这个开端本身是难以理解、深不可测、无法解释的，因为它不是一个历史事实，而是意志行为。道德准则，即这样的一些规则：要么只是服务于自我利益，不具有普遍性，例如，当我从说谎中获取个人利益时，我就会习惯性说谎；要么表达的是具有普遍约束力的道德利益，这种道德利益通过了定言令式（kategorischer Imperativ）的普适性测试，例如，我的行为总是公平，即使这偶尔会严重导致我失去幸福。这样的一些道德准则使得人类的意志符合自己的意愿。这个规则可以被定性为道德规则，因为我可以认为并且希望每个人都应该随时无条件地予以遵守。那么，意志通过自己的想法决定善与恶的意志性质，同时也就决定了它自己的道德品质。相应地，康德在他的《道德形而上学奠基》（1785）开始时写道：

　　在世界之中，一般地甚至在世界之外，唯一除了一个善良意志以外，根本不能设想任何东西有可能无限制地被视为善的。知性、机智、判断力及像通常能够被称作精神上的才能的东西，或下决心时的勇敢、果断、坚毅，作为气质上的属性，无疑从很多方面看是善的、值得希求的；但它们也可能成为极其恶劣和有害的，假如想运用这些自然禀赋并由此而将自己的特有性状称为性格的那个意志并不善良的话。对那些由幸运所赋予的东西，情况同样如此。权力、财富、荣誉甚至健康，以及生活状况整个的美满如意，也即所谓的幸福，会使人骄傲，因而经常使人狂妄，如果没有一个善良意志在此纠正它们对内心的影响，同时也由此纠正行动的整个原则，使之普遍合于目的的话……善良意志并不是因为它产生了什么作用或完成了什么事情，也不是因为它适合于用来达到某个预定的目的，而只是因为它的意愿是善的，即它自在地是善的。(《道德形而上学奠基》)[1]

因此，康德决不否认在我们的日常实践中称为善的很多东西是配得上这个谓词的，但是前提条件必须是，这种关乎能力、品质和财富的称号来自一个善良意志，它将以上的这些融入到道德中。如果没有善良意志作为基准，那么被断言为善的事物就会退化，因为即使是犯罪分子也可以拥有智慧、聪明和勇气，但他会利用这些被视为善的能力来实现自己恶的意志，从而使这些能力也成为邪恶的东西。

由此带来了三个重要的结果：(1) 只有人类的意志才会被看作是善与恶的鼻祖，鉴于人类意愿的性质，人类的意志既可以使他自己成为善良或者邪恶的存在，也可以产生人类力求实现自我意愿的行为手段。(2) 善与恶是意志品质。道德准则所体现的是人类的意愿，可以分辨出善与恶。为了所有人都实现善，只能是通过那些可普遍化的规则来确定善良意志，而

---

1 康德著，杨云飞译：《道德形而上学奠基》，人民出版社2013年版，第4、5页。——译注

邪恶意志只会接受以牺牲和伤害他人为代价的、促进自身利益的规则。(3) 在实现善良和邪恶的意愿时，只要这些行为是在有应当意识的情况下发生，那么就算不上失去理智，而是带有理性的。恶意基本上是承认这种应当意识的合法性的，因为它从中可以获取个人利益。知道没有人有权为自己要求一些阻止别人得到的东西，再加上假定其他人将会在大多数情况下遵守这种道德义务或可以通过熟练的操作能够使大部分人做到这一点——恶意者会充分利用以上知识，目标非常明确，就是为了满足自己的个人利益。

我们现在从伦理学的角度了解了善与恶的起源，也知道了什么是善与恶。我们不知道的是，即使从康德的观点也无法得知，为什么有人有意识地、故意地选择了善或者恶。实际上，是遵循善的道德准则还是恶的道德准则，这是一个自由的决定——这个行为只能被证实，而不能从概念上进行推导或者对其进行历史重构。尽管如此，只要是对一个人进行道德评价，那么从伦理学角度来看，人们就会始终假定已做出了这样的一个决定。只要这个无懈可击的假定占据着自由之位，那么这样的语言运用就会将人引入歧途：人类天生是善良的和/或邪恶的，或者善良和/或邪恶是人类与生俱来的。在运用这样的语言时，其实是认为人类体内存在着一种"天资"，他可以在没有人类干预的情况下，客观地决定人类——例如，通过一种自然本能或者一种道德能力。然而，善与恶不是由作用于意志的外部原因导致产生的，而是意志本身通过意愿决定了自己是善良意志还是邪恶意志。基于上述的自我决定可以证明人类是自由的，他可以选择自己想成为什么样的人，但是如他所愿，他实际就是自己想要的样子。因此，我们认为个体应为善的性格邀功，为恶的性格负咎，尽管我们承认，环境也促成了其中一种和另一种性格的形成。虽然善与恶在伦理学的原则层面上是相互排斥的，因为本身想成为善良意志的意志从根本上是否定邪恶的，反之亦然，但是与此同时，人类既是善的也是恶的——这句言语在实证方面完全是有意义的，因为同一个人可能偶尔会遵循一个恶的道德准则，从而导致犯下道德错误。实证上来看是可能存在"既善也恶"的，个人传记中所描述的行为顺序就可以予以证明，但是它在实践理性的反思层面上——对此我们认识到，人类制定的道德准则可能实现使人类拥有自由的决定意志——输给了极端的"非此即彼"。

经过这些初步的解释之后，康德解释了他的论点，即人可能形成趋恶的"倾向"并腐化他的本性。人性本身只包含"善的禀赋"，即活泼、理性和理智，它们分别说明了属于人类这个生物种类的动物性、人性和人格性[1]（《论人性中的根本恶》）。从影响意志的遗传决定因素来看，"禀赋"不是人类本性中的

---

1 康德著，李秋零译：《单纯理性限度内的宗教》，中国人民大学出版社2003年版，第9、10页。——译注

客观组成成分，而是与自由不可分割的潜力；无论是发展成为善还是扭曲成为恶，完全取决于个人如何运用自由。只有作为一种人格性时，人类才能够调和他的动物需求（这种需要无情和自私地要求得到自我满足）和理性上对于遵守道德法则的要求，道德法则要求无条件尊重自己和他人的自由。这需要人类做出一些努力，因为人类必须得一再消除屈服于感官需求冲动以及故意忽视理性声音的危险。康德把倾向理解为"欲求一种享受的先行气质"[1]（出处同上），但是，无论是听凭自己的倾向还是与之相反坚持自我的理性利益——这都取决于个人。在这两种情况下，都利用了人类的自由，第一种情况是放弃了自我决定的自由，并依赖于自我倾向，在第二种情况下，优先考虑理性，把自己定位为一种努力遵循善的道德准则的道德生物。"思维方式"或"道德观念"会使人善或者恶。"人在道德的意义上是什么？以及他应该成为什么？是善还是恶？这必须由他自己来造成，或者必定是他自己过去所造成的"[2]（出处同上）。

因此，恶的原因不在于通过享乐倾向获得快乐，而是继续明显地忽视理性的主张和利用理性来满足欲望，这会导致产生趋恶的倾向，人类的要求是以人类形式——也就是说：作

---

1 康德著，李秋零译：《单纯理性限度内的宗教》，中国人民大学出版社2003年版，第13页。——译注

2 同上，第32页。——译注

为一种自我决定的生物——存在，但是这种趋恶倾向颠倒了人
类的这一要求。康德区分了三种咎由自取的束缚形式：(1) 人
的本性的脆弱；由于软弱，人类屈服于自己的倾向，同时他知
道自己做了他不应该做的事情。但是如果总是利用自己的自
主权并按照道德准则行事的话，这就太费力了，并且不方便。
(2) 人的心灵的不纯正；虽然人类做了他应该做的事，但他并
不总是为了善而这样做，偶尔会出于不道德的原因。(3) 人心
的恶劣；人类的行为与他应该做的恰好相反。人类虽然要求运
用自由，根据恶的道德准则决定自我意志，但是目的只是为了
蔑视自由原则。总之，康德指出：

> 依据上文，"人是恶的"这一命题无非是要说，
> 人意识到了道德法则，但又把偶尔对这一原则的背
> 离纳入自己的准则。人天生是恶的，这无非是说，
> 这一点就其族类而言是适用于人的。……由于这种
> 倾向自身必须被看作是道德上恶的，因而不是被看
> 作自然禀赋，而是被看作某种可以归咎于人的东西，
> 所以我们也就可以把这种倾向称作是一种趋恶的自
> 然倾向；并且由于它必须总是咎由自取的，也就可
> 以把它甚至称作人的本性中的一种根本的、生而具
> 有的（但尽管如此却是由我们自己给自己招致的）
> 恶。……这种恶是根本的，因为它破坏了一切准则

的根据。(出处同上)[1]

因此，康德认为，无论如何都不能从实证方面确定恶的根源。感性和理性都不是败坏的，所以没有人可以将它们称为"我们这个族类的污点"[2](出处同上)，这个污点不可避免地给人带来"恶的心灵"[3](出处同上)。相反，恶来源于在原则方面所做出的决定，有的人在这个过程中从原则上否认善和自由是人类生命的意义。我们无法确定做出这个决定的时间——这恰恰是因为人类似乎在时间之外做出了这个决定，并且它在实证方面体现在具有败坏性的行为中。因此，如果从道德上对一个人进行评价，康德认为这是一个可理解的行为，但是它必须被假设为一个无法推理的、始终进行的自由行为。

索伦·克尔凯郭尔 (Søren Kierkegaard) 在《非此即彼》(1843) 一书中把这个基本决定描述成了伦理学上的自我选择，这个基本决定就确定了我们是一个什么样的人。与其他自然发育的生物体不同，它们无法影响自己的成长，而人类这种生物的尊严在于它能够影响存在。但这种尊严并不是天生就有的，而是必须要习得。因为在最初的时候，人类就跟植物和动物一

1　康德著，李秋零译：《单纯理性限度内的宗教》，中国人民大学出版社2003年版，第17、18、23页。——译注

2　同上，第25页。——译注

3　同上，第24页。——译注

样，都是"审美的"（来自希腊语的感官知觉），即一种由享乐
原则决定的感官生物。人类作为一种"审美自我"，仍然失去
了他的感官欲望：他根据自己的需求标准来获悉事物，并为了
享受而爱上它们。克尔凯郭尔认为这个"审美自我"仍是在善
与恶的此岸，因为人类并没对此进行自我选择，事实上只是
发现了它。人类是一种需求生物，毫无疑问会服从自身的本性
法则，并且听凭自己满足自我欲望和本性。

当智力不再仅仅满足于充当人类获得享受时的履行辅助
人，而是开始提出智力自己的主张时，人类就会意识到，自己
不仅仅是一种需求生物，他发现，自己能够设定目标，这其中
就包括那些超越经验领域的目标。通过这种方式开启了一个未
来空间，人类可以按照自己的想法来进行创建，同时他意识到
不仅仅是只有他自己拥有这个自由空间，他还必须要跟其他人
共享这个空间。人类发现自己可以选择他想成为什么样的人，
而这个选择同时也决定了他与周围人的关系。另外他还确定自
己不能选不，而让一切维持原样。一旦面临选择，不做出选择
也是一个需要说明理由的决定。对于克尔凯郭尔来说，人的尊
严在于选择的能力，因为有了选择的能力，就开拓了自由的视
野，从而创建了善与恶的维度。但是，这需要超越审美自我走
向伦理自我。这一步却并不容易，因为一方面自身和他人方面
还存在着可能造成乐趣严重损失的未知形式，而这样的一些形
式似乎不会带来任何收益或至少是补偿，所以在自我认知过程

中，它要求放弃自己所熟悉的习惯。另一方面，新自由方面会有一定的不适，因为它预示着一种带来负担而非快乐的责任。

当审美自我感觉到自己被赋予选择权时，在这个极其关键的情况下，它发现其以前的自由仅仅是一种臆想的自由。它曾以为自己可以随心所欲，但并没有意识到已经成了自我本性的奴隶，并且被束缚在快乐原则上。现在呈现在它跟前的是伦理自我的自由，只要它具有绝对性的特征并且由此拒绝任何——无论是本性的还是他人意志产生的——决定论，那么这似乎就是一种无限的自由——这恰好是人类的错误审美追求。但是人类不能白白获得这种新的自由，而是以自由为条件。因此，道德自我必须承诺，为了所有人类个体的自由，未来会基于从自由中产生的自由原则作为最终有效的基本规范来进行选择。由此，原则上人们就把自由看作是对所有人的善，把不自由看作是对所有人的恶，就这点而言，善与恶这两个范畴界定了自由的伦理空间，其间各式各样的自我一次性发展构成了个人和集体的自由史。

在伦理自我进行选择时，个人面临着两个抉择：开拓一片不受本性影响的、完全是人类意识的视野，或者是将自己囚禁在不自由的绝境中。克尔凯郭尔对此进行了如下表述：

> 我的非此即彼并非是用来标示"善"与"恶"之间的那种选择，它所标示的是人们在"选择善

恶"与"排除这一善恶选择"之间的选择。……于
是，那通过我的非此即彼而出现的是"那伦理的"。
因此，现在还不是在谈论关于对某样东西的选择，
不是在谈论那被选择的东西的实在性，而是谈论这
"去选择"的实在性。……通过这选择，我其实不
是在善与恶之间作选择，而是我在选择"那善的"，
但是，在我选择"那善的"的时候，我恰恰由此
而在选择那"善与恶之间的选择"。在每一个后来
的选择中，这本原的选择是永远地在场的。(《非此
即彼》下卷) [1]

因此，"那伦理的"就是指自我在首次运用自由进行选择
时，是接受还是拒绝将这种自由看作善的化身，以及是否对所
有人都完全具有约束力。因此，克尔凯郭尔强调道，伦理原则
的决定既是指善的与恶的选择，也是指善与恶之间的选择。在
做出这个选择之前——在审美自我阶段——并没有任何善恶，
因为此时个体可以说是盲目地遵循享乐的自然原则，这不是他
选择的结果，这样的话，伴随着伦理学视角的出现，人们就会
观察到善与恶是自由的两方面。当选择了这个（具有绝对有效

---

1 克尔凯郭尔著，京不特译：《非此即彼》（下卷），中国社会科学出版社2009年版，
  第219、227、271页。——译注

性的）视角作为日后的阐释框架时，也就肯定了自由原则。当人们从原则上肯定自由时，就出现了善与恶的抉择，只有当确定了非此即彼的一方或另一方为唯一具有约束力的方面时，才是实现了对自由的基本肯定。对善的肯定即排除了不自由原则，对恶的肯定即否定了自由。就此来说，善的与恶的选择与善与恶之间的选择有着千丝万缕的联系，因为承认自由原则就使得自我也有可能选择恶，由此，自我可以将自己现有的审美状况提升为自我准则，从而导致了这种不自由审美状况下的自然法则被明确宣称为自我决定的基础；或者是通过自我肯定自由，但是将自己的自由观念绝对化，并通过贬低或否定他人的自由用一个缺乏集体维度的武断而又"自私的"实体取代由善与恶这两个范畴所界定的互动空间。

康德和克尔凯郭尔在他们对善与恶的伦理分析中都揭示了这对道德对立体的自由起源。人类并没有那种自然禀赋，能够事先决定他向善或者向恶。相反，只有摆脱本性来谈论自由才是有意义的，这样个体才能够进行自我选择，从而能够利用自我决定和自我行为的自由。据此来看，善与恶就都是人类确定的规则，借此可以规定对于自由的运用，从而使之在主体间具有普遍约束力。虽然两位哲学家都承认人类倾向于享受和追求快乐，但他们否认这是恶的根源。作为一种审美决定的自然生物，人类可以超越自我，并且意识到自我的道德尊严，这让他得到自由。至此哲学无法做出进一步的解释，因为选择善或者反对善都是一种个人的自由行为，哲学无法继续对其进行推理。因此，当要求人类选择善时，哲学不得不止步于此，因为它只能论证选择善的合理性，但是却不能以任何方式强迫人们去如此执行。正如康德和克尔凯郭尔所一致认同的那样，从伦理学角度无法解释为什么有人在面对善的时候却将不自由提升为自己的意志和行为原则，由此选择了恶。他们把自由描述为善与恶的起源，该描述的"漏洞"处即个体必须亲自做出自我决定选择。因此，这个漏洞并不是一个可以消除的理论缺陷，而是指每个个体在实际存在中的相关执行情况。

在《恐惧与颤栗》(*Der Begriff Angst*)（1844）一书中，克尔凯郭尔再次试图通过从心理上重构罪的"现实可能性"来探索令人费解的恶的事实。原罪的教条不能作此理解——由第一对人类夫妻犯下的罪导致了本性的堕落，又实质转移到所有的后代中。基于以上认识，克尔凯郭尔所主张的论点是，每个人都是凭借自我自由成为了罪人，并将邪恶带入了这个世界。康德也拒绝从继承祖先父母遗产的角度谈论已有的罪恶或者恶的倾向，并指出每一个人从一开始就是通过自己的行为导致了恶的产生：

> 每一种恶的行动，如果我们要寻求它在理性上的起源，都必须这样看待它，就好像人是直接从天真无邪的状态陷入到它里面一样。因为无论人过去

的行事方式如何，无论影响他的自然原因是什么样的，也无论这些自然原因是出现于他内部还是外部，他的行动都是自由的，是不受这些原因中的任何一个规定的，因为能够并且必须始终被判定为对他自己的任性的一种原初的运用。……因为世界上的任何原因都不能使他不再是一个自由的存在物。(《论人性中的根本恶》)[1]

克尔凯郭尔重新让恶始于每一个人类个体。尽管亚当和夏娃在历史上是最初的罪人，但他们之后的所有人都并非因此就生为罪人，而是在第一次运用自由时才失败的。尽管所有的人都毫无例外地首先选择了恶，并且由此错过了自由，但这个无法解释的事实就是没有客观原因，也没有实质原因，因为否则的话罪就不会是自由选择的结果了，相应地也就无法归因了。尽管如此，一定会有一些东西促使人类在主观上比起善更喜欢恶，因为一个毫无根据的决定将是非理性的，同样也是不负责任的。那么，如果人们认识到这一点，为什么人们不选择善呢？是什么吸引他们把善的对立面看作是"更好的"选择呢？

---

1 康德著，李秋零译：《单纯理性限度内的宗教》，中国人民大学出版社2003年版，第28页。——译注

克尔凯郭尔拒绝接受神学家所提出的色欲理论——上帝禁止人类进食善恶知识树上的果实，这唤醒了人类的欲望。因为这就相当于认为人类的本性被赋予了一种恶的快乐，这使得人类比起善更容易受到恶的影响。但是这会剥夺人类的自由——自由使人类自身成为行为的发出者，人们会评价他行为的善与恶。因此，有必要从心理学角度追溯自由的起源，以便意识到人类本身是恶的根源。在善与恶的此岸，克尔凯郭尔将无罪状态重构为一种直接的自我关系。在这种关系中，人类存在的三个构成要素——身体、灵魂和精神——形成了一个尚未分裂的、活动的个体。尽管潜伏着一种受心理影响的身体意识，并且"精神幻想存在于人类身上"，但是在这种自我关系中，这三个要素里没有任何一个是主导因素，具有结构权重。因此，这个状态的特点是和平与安宁，但是：

> 同时还有一些别的东西，但不是冲突和争吵；因为没有什么可以与之争论的。那它究竟是什么呢？虚无。但是虚无有什么影响呢？他生出恐惧，这是无罪的深刻隐藏：它也是恐惧。精神幻想着反映出它自己的实在性，但这个实在性就是虚无，但是这种虚无在自身之外望见的尽是无罪。(《恐惧与颤栗》)

　　对善与恶的无知是无罪状态的特征，精神往这个状态中带入了一定的不安。它成为了一个干扰因素，因为它幻想超越身体和灵魂二者的直接相互影响，并且打破它们的统一。这使精神感到恐惧，因为它预感到，自己必须为破坏最初的统一付出代价，否则的话它就不能建立一种新的统一关系。只要精神只是幻想着发挥自我超越的可能性，那么这些可能性就仍然是未被认识的潜能，隐藏在无罪状态的内在中，但这种虚无代表着幻想的事物并产生恐惧。恐惧的原因是，一方面精神作为身体—灵魂个体中的一部分，要在其中有所行为；另一方面是，对于它幻想出的一个新的、自己创立的个体形象，精神既不知道它自身是否真的能够做到，也不知道这是否将改善原始状态。因此，恐惧是精神本身的产物，它在幻想中认为它能够做某些事情，但是——似乎因为缺乏经验——不能确定这仅仅在幻想中检验过的能力是否能够经受得住现实的考验。

　　克尔凯郭尔将这种精神的分裂描写为对虚无越发的恐惧。只有当精神结束自己的空想，并且在实现自我设想时，才能够真正成为精神。它一直被自己幻想中的初步构思困住的时间越长，自己就越会成为虚无，并且使自己陷入无能为力中。另一方面，它也感知到了这种危险——如果自己硬挺，而且自己的力量不足以实现自我的话，那它就失败了。这样的话，就是在恐惧的顶峰时做出决定，并且这个决定使人类陷入深渊之中。

　　恐惧可以与眩晕相比。眼睛向下看极深之处的人会变得头晕目眩。但是，这是什么原因呢？眼睛就跟深渊一样的道理；因此假定，精神不会向下凝视。在这种情况下，恐惧就是自由的眩晕，当精神想要进行合成，自由向下找寻自己的可能性并且之后始终坚持这样做的话，自由就会眩晕。在这一眩晕中，自由崩溃了。……在同一时刻，一切都改变了，随着自由重新立起来，它认识到自己有罪。在这两个时刻之间，存在着科学在过去和现在都无法解释的飞跃。……恐惧是一种失去自由意识的女性无力感；从心理上讲，原罪始终都是发生在无力之时，但同时，恐惧是其中最自私的一种，对自由的任何一项具体表述都不像造成这种具体化的能力一般自私。（出处同上）

　　我们能够直观地理解这种对于原罪的心理学描述，但它仍令人不满意，因为罪的程度似乎并不成比例。精神害怕自己的能力，在眩晕的困境下，会抓住最先碰到的任何一个人来扶住自己，并且它恰恰是由于怯懦地抓住了暂时性的物质材料而剥夺了自己的精神能力——这本来应该成为新的自我关系的基础，但现在，由于精神能力出了问题，原本完整的个体遭到了破坏，也没有创造出一个新的个体。通过这种自我毁灭的行为，恶进入到了个人体内，而个人本身就是他内心分裂的施行者。虽然克尔凯郭尔在原罪的背景下讲到了眩晕、意识丧失和无力感，但他毫不怀疑的一点是，没有任何事情可以被原谅，因为精神是自己在善的面前闭上了眼睛，精神迷失在眩晕的旋涡中，它没有无畏地抓住自己的自由以及实现自我，这样就丧失了自我能力。恐惧的"自私性"是指一种保存自我、反对更好知识的意志。

在个人由于丧失自我精神而意识到自己有罪之后，它才能在事后回忆自己的起源时确定无罪状态是在有罪状态之前。所以，个人并非一开始是无罪，然后变成有罪的，因为罪的此岸既不是无罪也不是有罪。但在错过善的那一刻，个人意识到了自己的罪，同时伴随而来的还有自我剥夺，因为失去了无罪状态。

但是，关于这个设想，有两个难以理解之处。（1）如果没有任何一个人能够成功地避开原罪和由此带来的恶，那么这似乎就成为了人类学永恒不变的东西——人类首次使用他的自由时就会犯错。如果他真的完全有机会在无须间接通过恶的情况下就能直接拥有自我精神，那么一定有一些人在进行第一次尝试时，就能够在不失去自我的情况下创造出这种善。然而，如果所有人都在这项任务中失败了，那么我们不禁会存有这样的疑问：人类是否能够完成这项任务，并且人类在自我形成过程中有着非常严重的恶之罪，特别是当需要超人的力量才能接近

上帝的善良榜样时，那么是否即使减轻这种罪，情况也不会
因此变得更合理呢。结果当然将会是——在这个"去除恶之
恶"的企图中，恶将被淡化，最终肯定就消失了。(2) 另一处
困难是，人类必须能够至少想到一种无须间接通过恶即可成功
创建自我关系的方法。但是随后产生了这样的问题：自我关系
在这种情况下与无罪和有罪或者善与恶的关系是怎样的呢？假
设精神克服了恐惧并且把握住了自己的自由，那么它如何定义
自己与之前状态的关系呢？由于精神现在也没有变成有罪状
态，所以它无法赋予自己的过去以无罪特征，而且可以把自己
的现在视为前者的延续。人们至少得在旧的和新的无罪状态之
间设置一个断点，这样旧的无罪状态就可以作为一个起点，而
新的则是一个自我选择的状态；或者是精神因为破坏了原来的
统一性而变得有罪，但同时它能够建立一种立即消除邪恶的新
的肉体—灵魂—精神统一体呢？理论上来看，它的罪在这种情
况下同时又被取消了。但是，善与恶真的有可能瞬间同时发生
吗？为什么人类开始运用自由时，总是用破坏性的行为来证明
自己的建设性呢？对此，似乎只有通过类比艺术家才能够有
所帮助，一个为了证明自己的艺术创造力并且实现自我的艺术
家，他只能是将没有他的参与的现存艺术品摧毁，因为他除了
加工旧艺术品中的材料，已经没有其他材料来创作一个新的作
品了。

第三节　意义理论分析

我们对善与恶的理解在很大程度上取决于这些词所关联的意义。弗里德里希·尼采（Friedrich Nietzsche）指出，如果我们认为语言是一种纯粹传达事实的中性媒介的话，那么我们就屈从于语言的引诱了。恰恰相反，语言不仅包含"僵化的基本理性错误"（《论道德的谱系》），而且是由字面意义上最天真的偏见组成：我们的列祖列宗用词语和它们的语义场向我们传递了他们的判断，他们的观点和价值观同样也在语言中沉淀下来，而我们却没有注意到。尼采对我们的道德偏见特别感兴趣，因为他想证明，善与恶指的并不是行为实体本身的自然属性，它们其实是人类的创造物，人类最初是为了实现自我利益而虚构了善与恶，并且随着时间的推移具有了有效的规范性。从先验的规范意义上来说，持续时间最长、最固执的事物最终就具有了永久有效性，比如上帝的禁令："远离天堂。——'善与恶皆为上帝的成见'——蛇如是说"（《快乐的科学》）[1]。上帝给符合他预期的行为加上一个加号，与之相反，给不符合自己预期的行为加一个减号，他是第一个通过这样的做法来强调自己意志的人，所以，蛇说的是真话。

1　尼采著，黄明嘉译：《快乐的科学》，华东师范大学出版社2007年版，第8页。——译注

通过《善恶的彼岸》(1886) 一书，尼采想为不需要基督教形而上学的价值观的道德构造基础。传统道德也应该超越自身善与恶的基本范畴。并不是言语会消失——尼采一直使用的都是旧道德的语言，而是当人们认识到附着在永恒价值上的价值范畴是虚假的，并且看透这种虚假性其实就是弱者和吃亏者将自己的弱势谎报为奉献和美德的策略，目的是给强大的个体施以恶的禁令以使自己避开危险时，言语的意义将发生变化。

> ……恐惧……成为道德之母。正是在最高尚和最强烈的本能充满感情地爆发，并使人远远高于和超过群居良知的一般低水平时，社会的自我信赖能力便会被摧毁；社会对自己的信心，可以说社会的脊梁便会折断；因此，这些本能会受到最猛烈的谴责的诋毁。崇高的独立精神，鹤立鸡群的意志，乃至富于说服力的理性，都被觉得是危险的；于是，将个人提升至畜群之上，招致邻人恐惧的一切，都被称之为罪恶；宽容大度的、不喜铺张招摇的、善于自我平衡的性情，以及平凡的愿望和欲望，获得了道德上的殊荣和荣誉。(《善恶的彼岸》) [1]

---

1 尼采著，朱泱译：《善恶的彼岸》，团结出版社2001年版，第3、119页。——译注

　　言语成为许多普通人获取权力的工具，他们将自己的平均能力提升为衡量万物的标准，并且宣称对"畜群"有益的为善，将可能对他们有害的则冒充为恶，在面对强大的个体时，为了掩饰自己低落、嫉妒和怨恨，他们会表现得就如同这些强者有一个客观缺陷似的，而事实上他们是从语言上贬低了强者的能力，这种能力由于远超出平均水平，普通人感受到了威胁。在《论道德的谱系》（1887）一书中，尼采继续研究了我们道德偏见的起源问题："人在什么条件下创造了善与恶的价值判断的？它们本身有什么价值呢？"（《论道德的谱系》）。为了回答这个问题，他准备"带着新的眼光去漫游"那隐蔽的道德王国，并且解密"人类道德史的难以辨认的象形文字"（出处同上）[1]。在这样做时，他发现"善"这个词的使用最初是归功于"高贵的、有力的、上层的、高尚的人"具有的自我特点，"这些人判定他们自己和他们的行为是好的，意即他们感觉并且确定他们自己和他们的行为是上等的，用以对立于所有低下的、卑微的、平庸的和粗俗的"（出处同上）[2]。这些（不是由于出身高贵，而是自己显得高贵）贵族赋予"好"这个词某种价值，由此他们的语言特点确立了一种"君子的道德"，它表明的是高等级别人物的权力，这些人有能力创造价值，而且他们自身会变得

1　尼采著，周红译：《论道德的谱系》，生活·读书·新知三联书店1992年版，第7页。——译注

2　同上，第12页。——译注

越来越强大，这种"能力"展示出了他们的"权力意志"。与最初的贵族对于"好"的理解相反的概念是"坏"。尼采从"简朴"这个词中引申出了"坏"这个词（出处同上）[1]，并指向普通、简单的人，他的等级是高贵的好人之下的，但是不会受到歧视——现代语言使用中的"坏"。

"恶"成为"善"的对立面最初是在基督教中发明的，教士代表扭转"贵族的价值观念（好=高贵=有力=美丽=幸福=上帝宠儿）"（出处同上）[2]并且声称贫穷者、无能者、卑贱者才是真正的好人，是受到上帝喜爱的人，与此同时，他们对原来的好人指责道："你们这些永久凶恶的人、残酷的人、贪婪的人、不知足的人、不信神的人"（出处同上）[3]。教士是"恶"之假说的发起人，尼采认为他们历来是"世界历史上最大的仇恨者"（出处同上）[4]，他们的心灵是"斜的"（出处同上）[5]，因为他们嫉妒有自我意识而又自我强大的伟人，这种嫉妒使得他们的软弱无能更为明显。他们在同样设法获得权力时，干脆就歪曲了高贵者的道德，因为他们的奸诈、仇恨以及（由复仇欲主导的）狡猾，他们预感到："人类是身份仍不明确的动物"（《善

---

1 尼采著，周红译：《论道德的谱系》，生活·读书·新知三联书店1992年版，第
   14页。——译注

2 同上，第18页。——译注

3 同上，第19页。——译注

4 同上，第18页。——译注

5 同上，第23页。——译注

恶的彼岸》），所以他们决定用一个新的条款覆盖对于"好人"的规定，从而根据他们的利益确立人的"本质"：

> 正好相反，精神高贵者预先自发地创造了"好"的基本概念，也就是说从自身获得了这一概念，而后才由此引申出一种关于"坏"的概念！这种起源于高贵的"坏"和那种产生于不知满足的仇恨的大锅中的"恶"——这看上去同样是"好"的概念的反义词的一"坏"和一"恶"是多么的不相同啊！前者是附产品，是一种附加成分，一种补充的色调，而后者却是本源，是起点，在奴隶的道德观念中是原始的创造活动，可是在这里同样被称为"好"的概念并不相同：最后还是过问一下，依照仇恨的道德究竟谁是"恶人"。最确切的答案是：这里的所谓"恶人"恰恰是另一种道德中的"好人"、高贵者、强有力者、统治者，他们只不过是被仇恨的有毒眼睛改变了颜色、改变了含义、改变了形态。（《论道德的谱系》）[1]

教士们编造出了一个上帝来作为自己的传话筒，目的是突

---

1 尼采著，周红译：《论道德的谱系》，生活·读书·新知三联书店1992年版，第24页。——译注

出他们对善与恶的定义，并且通过——取代了独立个人的主人道德的——奴隶的道德把大众训练成为顺从的畜群，使他们自愿服从于一种进行了超验伪装的生物的命令。教士以这种方式使人类变得温顺又具有可预见性，人类似乎可以通过道德手段自我缓和下来。为了杀死自己的本能、通过禁欲抑制所有溢出的力以及压制自我意志，他听从于可以消除自己身上的恶的建议。对于尼采来说，这是通过嘲弄人类来编制"善"："彻底消除意志，将所有的冲动展示出来，……这难道不是在阉割智力吗？"（出处同上）

为了掌控人类，就需要将他们修剪到畜群的程度，并说服他们，如果他们越过这个标准的话，就会背负重罪——这是不可估量的罪责，因为它们不仅损害了集体，而且也无视了上帝的意志。尼采认为，道德意识中的怨恨也改变了罪这个概念的原始意义。"罪"由"债务"推导出，来源于债务法，根据该法，债务人必须弥补所造成的损失。如果他在物质上无法做到这一点，那么就得授予债权人得到抵偿的权利，这使他有权对债务人采取报复措施，并通过给他造成类似的痛苦来惩罚他。债权人和债务人都认为公正的惩罚使得两者之间重新产生了平衡（出处同上）。基督教的道德宣称人类是上帝的债务人，同时，它将亏欠神的债务设置得如此之高，以致人类不得不终生清偿这笔债务，却从来不曾达到二者之间的平衡。因此，作为债务人的人类发生了意义变化，成为了罪犯，他将自己的罪内化为罪恶良知，提醒他应该受到惩罚，并且要自我忍受。尼采认为人类本身受到的这种痛苦"是与动物性的过去暴力分离的结果，……是一种对旧本能的战争宣言，在这种宣言之前，他的力量、欲望和生育力都是基于本能"（出处同上）。因此，这种惩罚不是旨在补偿实际上已产生的债务，而是一种人为地造成的痛苦，它产生的原因仅仅是为驯服和阉割仪式进行辩护，"善"的代表人自诩为治疗者和思想管理者，通过这些仪式对"恶人"行使权力。

　　尼采绝不是想要对所有人发动一场语言战争，但是在定义善与恶时，他认为只要人类想依赖自己的天赋，即他的"本能"和"冲动"来获得超越自我的发展以及提高自己的能力，那么就必定得包含人类的"动物性历史"，正如查拉图斯特拉以一棵高大的树为例向学生解释道："对人与对树却是一样的。它越是想长到高处和光明处，它的根就越是力求扎入土里，扎到幽暗的深处，——深入到恶里去"（《查拉图斯特拉如是说》）[1]。那么，善与恶并不意味着相互矛盾、相互排斥，而是两个相互制约的极性对立面。善是崇高的目标，对善的追求需要一种平衡力，这种平衡使它具有牢牢的物质支持，并确保精神不会自负到沉迷于抽象意义，而是赋予——精神从中获得全

---

1 尼采著，孙周兴译：《查拉图斯特拉如是说》，上海人民出版社2009年版，第45页。——译注

部力量的——身体以意义。

因此，必须从一开始就重新讲述善与恶的历史，并且摒弃基督教道德背景下的谱系，这样才可能产生一种不同的理解。对于尼采来说，从动物到人类的过渡是指人类对事物进行了这样的描述之后使自己和事物具有了价值："人把自己看成是衡量价值的，是有价值、会衡量的生物，看成是'本身会估价的动物'。"[1]（《论道德的谱系》）在对某个事物进行描述的同时，也表达了人类对它们的估价：

> 真的，人类给予自己一切善和恶。真的，人类并没有取得一切善和恶，也没有发现一切善和恶，一切善和恶也不是作为天国的声音降落到他们头上的。人类为了自我保存，首先把价值投入事物中，——人类首先为事物创造了意义，一种人类的意义！因此人类把自己称为"人类"，此即说：估价者。……通过估价方有价值：倘若没有估价，此在的果实就会是空洞的。（《查拉图斯特拉如是说》）[2]

---

1 尼采著，周红译：《论道德的谱系》，生活·读书·新知三联书店1992年版，第50页。——译注

2 尼采著，孙周兴译：《查拉图斯特拉如是说》，上海人民出版社2009年版，第69页。——译注

尼采认为，一开始的时候并不是个人将自己高度评价的事物记录在他们个人的价值板上，而是民族和团体的成员共同制定了他们的道德法典，他们将某些行为模式区分为"善"，将其他的——具体来说，特别是邻居实行的那些规则，对于其中不那么高尚的道德观念，他们想要与之划清界限——宣称为"恶"，并且相应地认为其毫无价值：

> 每个民族都讲自己的善与恶的语言：相邻的民族并不理解它这种语言。每个民族都从民俗和法律中为自己发明了语言。……查拉图斯特拉见过许多国家和许多民族：他于是发现了许多民族的善与恶。查拉图斯特拉在世上没有找到一种比善与恶更大的权力。任何一个民族，倘若它不受限进行估价，就不能生存；而如果它要自我保存，那么它就不能像邻族一样进行估价。许多事物被这个民族称为善，在另一个民族却意味着嘲弄和耻辱：我感觉就是这样。我发现许多东西在此地被称为恶，而在彼地则被粉饰以紫色的荣光。一个邻人从来理解不了另一个邻人：他的灵魂时常惊奇于邻人的疯狂和恶劣。(出处同上) [1]

---

[1] 尼采著，孙周兴译：《查拉图斯特拉如是说》，上海人民出版社2009年版，第55、56、68页。——译注

尼采认为，出现不同道德的原因是相邻民族之间的某种竞争。他们致力于比别的民族更好，并全力以赴在实践中证明自己具有突出能力。但是，在内外条件差异极大的情况下所取得的最终的文化成就是根本不能相提并论的，从而使得——作为一个民族善的缩影的——道德原则和价值观之间并不能真正地竞争：一些人的善是另一些人的恶，反之亦然。

尼采重构了善与恶的来源，认为它们最初是"感情的一种手语"（《善恶的彼岸》）[1]：这种身份不明的动物给自己起名为人类，由此表明了自己的意图——在自己高度评价的一切事物上印上自己的意志印章，这是一个质量标记。这种动物以道德和法律的形式总结了自己的价值观和规范，由此确定了对其具有约束力的东西，从而确定了自我：现在它已经成为一种被确定为人类的动物，通过自己的规则进行自我界定，并用善与恶的概念来表达。即使个人从集体中越来越多地解放自己，那他也必须通过继续创造价值的活动来塑造自己的个性，因此，他会在每一个时刻都造就新的善。这种善需要恶与其对抗，消除恶的话就会阻碍自我形成的循环运动过程："而且，正如世界曾为他转动而展开，世界又为他卷成一团，作为经由恶的善之生成"（《查拉图斯特拉如是说》）[2]。这种恶是一种相对的恶，是

---

1 尼采著，朱泱译：《善恶的彼岸》，团结出版社2001年版，第104页。——译注
2 尼采著，孙周兴译：《查拉图斯特拉如是说》，上海人民出版社2009年版，第73页。——译注

获得善的必要刺激因素，它迫使个人将自己归结为一个具有定值的个体，当他尚未实现自我存在时，处于一种必须得结束的"恶"之状态，由此，这种相对的恶促进了个人的自我形成。对于尼采来说，这是超人的概念，后基督教和后形而上学的现代人类通过这个概念来界定他的价值。在对善与恶的彼岸的传统理解中，这种新型人类将自己定位为一种生物，他在自身善与恶的过程中进行自我决定，并且在自我决定的过程中通过行动证明——从自我权力的意义上来说——自己的权力意志具有创造能力。

在20世纪时，以语言分析为导向的盎格鲁-撒克逊伦理学（元伦理）细致研究了"善"这个词以及道德文字游戏中其他词的意思。但与尼采不同的是，他们对人类文化进化在道德语境中的文字起源史或者是构建它们的谱系并不感兴趣，对于他们来说重要的是描述"善"在日常语言中各种不同的使用方法。引人注意的一点是，"恶"这个词的使用越来越退居幕后。在被定性为善的事物的衬托下，虽然我们可以推断出"善"的对立面，但一般使用"坏"（schlecht）这个词用来表示不好，很少使用程度更强的"恶"。

在元伦理学中，"善"完全成为了一个价值词，各个代表流派分别会把它理解成一个非理性或者理性的标志。在情感主义中［阿尔弗雷德·J.艾尔（A. J. Ayer）、查尔斯·L.斯蒂文森（Ch. L. Stevenson）］，"善"并不意味着某个事实的客观性；

这个词并没有给被判断为好的（或坏的）东西添加任何东西，而只是表达了一种判断者的感觉。据此，"正义是善的"和"偷窃是恶的"这两个句子表达的意义就跟"正义，欢呼！"和"偷窃，呸！"一样。通过这种表达方式，我们想说服别人分享我们的热情或厌恶的感受。规定主义［理查德·麦尔文·黑尔（R. M. Hare）］认为"善"具有判断意义，由此人们会推荐被作此描述的事物。如果某个东西的工具性能善，则会为了另一个事物而建议使用该产品（灭火器扑灭火灾，恢复健康的药物）。然而，道德意义上的好（坏）通常指的是被当作模范（应受谴责）的人以及他们的行为，并且通过赞美（责备）来建议人们对其效仿（责备）。尽管这些建议可能与积极或消极的感受有关，但它们根本不是非理性的，因为我们可以根据质量标准（对于商品）或道德准则或价值目录（针对行为）建立起有效标准，某个事物或人必须要符合标准，才能被描述为好（或者在不符合的情况下：差）。在直觉主义中［乔治·爱德华·摩尔（G. E. Moore）、威廉·大卫·罗斯（W. D. Ross）］，"好"意味着一种简单的、无法解释的品质，任何一个事物都是出于无法进行理性推导的原因才拥有的这个品质，但是，只要是以直觉和直接的判断力为基础，就可以从认知上对这一事物提出要求。通过一个简单的测试就可以发现，某个事物是本身善还是工具性善：将所讨论的问题从它所在的所有语境中分离出来，并且思考，当它独立存在时，是否仍然是善的。通过这种方式可以证明，一切只对其他事物有利的事物（一个好的疗法、一个好的职业），当人们认为它脱离了自身的目标或目的（健康、存在）时，那么它们所有都将不再是善的。摩尔认为，爱是真理，个人对艺术或自然中美好事物的喜爱和欣赏是最高级别的物品，因此这是自身善，同时他把崇拜坏的或丑陋的事物、厌恶善的或者美的事物以及痛苦宣称为最大的恶（《伦理学原理》：260—289）。最后，言语行为理论［约翰·奥斯丁（J. Austin）、约翰·罗杰斯·塞尔（J. R. Searle）］指出，当我们使用某些单词时，我们不仅会说些什么，而且同时我们还做了一些事情：在登记处说"是"，那么我就结婚了。如果有人说"狗咬人"，那么这不仅仅是一个单纯的信息，他可能是表达了一个警告、威胁或建议，分别是根据他是否想让孩子远离、吓跑潜在的小偷还是出售看家狗。相应地，"好"、"坏"和"恶"这些词也是完成了多种多样的"行为"——范围从对物体、行为方式和人物的欣快的赞美一直到完全排斥，其间有无数的变体，人们通过它们的不同形式完成了各种表示认可和不赞成、同意和拒绝的行为。接收者表现出谄媚、感激、高兴、失望、被误解、受攻击、受侮辱、受伤害、愤怒的样子，由此也相应表达出自己对所说内容采取的积极或消极立场，或者做出语言反击——他们的这些反应也证实了我们用言语做了一些事。语言伤害也是应受惩罚的行为。

　　通过词语的词源和它们在语言使用中的意义来研究善与恶

是很有启发性的，也是对我们自我理解的重要修正。当人们批评那些基于错误信息、误解或词语误用所产生的偏见时，就会使道德判断的特点及其种类和功能更加清晰。意义分析有助于促进我们更好地理解"善"和"恶"的含义以及如何正确使用这些词。但是我们现在是否更清楚地知道以"善"和"恶"描写的事物来自哪里呢？理由和原因又是什么呢？尼采指出，一方面是伟大个人的创造力，另一方面是那些误入歧途的人的妒忌，他们因自己不如他人感到不满意并且盘算着报复。但是，他们为什么没有选择另一种方式来让所有当事人都承受自然的不平等呢？他们本来可以通过尽可能地支持伟大个人，然后从其伟大中受益，而不是考虑那些把自己降到中等水平，从而变得弱小无力的手段。伟大的个人可以以有利于社会的形式来发挥自我能力，他们也需要得到社会的支持。所以现在仍然存在这个问题：为什么善只会在仇恨、嫉妒和争议的土壤中生长？为什么人类只有经历过恶才会变得聪明呢？难道他们不必担心在通往预期的善的路上陷入到恶之中吗？有什么方法可以避免这场灾难呢？

　　教育家、哲学家和神学家一直在考虑如何引导人类向善。因此，他们制定了旨在避免恶和促进善的教育理念和方案。在这方面最激进的是空想家。人们认识到，只要社会是彻底腐化的，而且社会中坏的榜样阻碍了道德的进步，那么仅仅采取措施来改善儿童教育是不够的。基于此认识，人们在伦理学的实践理性基础上构思了各种理想社会的类型，理性——在善与恶的试验中——在想象力的帮助下勾勒出一种集体生活方式，并宣称它能为所有人创造美好的生活。教育工作者在做好教育工作之前必须自身接受教育的这个问题已经在古典乌托邦中得以解决：或者是一小群理想主义者想要冒险创造一个全新的开始，或者是一场大灾难的幸存者，他们在一个偏远的地方——在一个不知名的岛屿上或在某个无人区域（ou topos字面意思是没有地方，无处）——成立了一个应急组织，他们开始一致探索规则，旨在创造一个无与伦比的理想的社会结构。因此，发明了乌托邦这个词的托马斯·莫尔（St. Thomas More）给他的作品命名为《关于最佳政制状态和新岛乌托邦》(1516)。

　　考虑到他们过去的糟糕经历，而且坚定决心不再重复过去的错误，新社会的建设者开始实施善的社会政治理念，或者是像柏拉图的《理想国》一样，国家事务掌握在智者手中，他们经过数十年之久的培训之后，位于三层等级制国家的顶端，确保在教育子女方面遵循机会平等的原则，并且在公民社会遵循公平的原则；或者是像在莫尔的《乌托邦》中，他们宣传的是一个不重视私有财产和等级结构的共产主义社会，而是只关心共同利益；或者他们像托马索·康帕内拉（Tommaso Campanella）的《太阳城》（1623）中那样给予官员美德之名，以使他们和四位最高级别的政府官员（权力、智慧、爱以及位于上位的形而上学）构成一种人格化的道德法典；最终，他们或许就像弗朗西斯·培根（Francis Bacon）的《新大西岛》（1638）中描写的那样，他们委托兄弟会——同时也是科学家——进行管理，世界权力由此就以宗教为基础了。在后来的技术乌托邦中，其中的社会都是在另一颗恒星上或在一些虚构的地方，偶然流落至此地的冒险家向人们报告了这些地方基于伦理学规范的宪法典范。

然而，所描述的理想状态总是可以作为一面镜子反射出现存的不公正情况，对其批评可以让人们正确识别出真实的恶及其社会原因。托马斯·莫尔指责贵族的自私和贪婪该为出现如此之多的小偷和流浪汉承担责任，因为他们将农民从他们围起来养羊的土地上赶走了，所以这些人纯粹是因为穷才偷窃。人们必须要改变社会条件才能获得更好的环境：

　　　用法律规定，凡破坏农庄和乡村者须亲自加以

恢复，或将其转交给愿意加以恢复并乐于从事建设
的人。对富有者囤积居奇的权利以及利用这项权利
垄断市场，须严加控制。少养活些好吃懒做的人。
振兴农业。恢复织布，让它成为光荣的职业，安插
一大批有用的但闲着的人手，他们或是迄今被贫穷
趋为盗窃犯，或是目前非流浪即帮闲，终究都会沦
为盗窃犯。毫无疑问：处分你们医治这些弊病，光
是夸口你们如何执法惩办盗窃犯，那是无用的。这
样的执法，表面好看，实则不公正，不收效。你们
让青年人受不良的熏染，甚至从小就一天天堕落下
去，待到他们成长后，犯下他们儿童时代起早就总
是显得要犯的罪恶，这时，当然啦，予以处分。你
们始而纵民为盗，继而充当办盗的人，你们干的事
不正是这样吗？……这就是……关于这个问题的法
令和步骤，我已经对你描述过了。你会很容易看出，
这是多么呵护人道，多么有益处。公众所表示的愤
怒，其目的无非是根除罪恶，挽救犯罪的人，处理
他们时使他们一定要改过迁善，以后一辈子将功赎
罪。(《乌托邦》)[1]

---

1 托马斯·莫尔著，戴镏龄译:《乌托邦》，商务印书馆1996年版，第23、24、28
   页。——译注

　　所以，如果想阻止恶的产生，那么就必须创造条件，使人类能够直接向善。平等和社会公正就是前提条件，所有的空想家都认为可以制造这样的条件。但他们关于如何制造这些前提条件的建议却相差甚远。有些人认为从理论科学和实践政治方面对组织中的成员进行广博、整体、终身的培训，把他们教育成可以始终根据自己的知识和信仰做出最佳决策的文明公民就已经足够了，而另一些人则更进了一步——他们试图通过会集适合的合作伙伴和计算有利的运势来产生积极的影响。还有一些人认为妇女和儿童组织能够促进社会凝聚力：如果妇女和儿童从属于所有成年男性的话，男人就会认为自己对这个——作为一个大家庭的——组织的福祉负有责任。

　　然而，事实表明，虽然都是最好的条件，但总是存在违反规则的个体，他们在有序整体中呈现出或轻或重的瑕疵。如果紧急对他们进行再教育，然而这些措施却没有起到作用时，那么为了维护社会和平，会将这些行恶的扰乱者暴力铲除。在古典乌托邦中，伦理学的实践理性是理想社会的建设者，一旦它确定了迫使人类行善不是一件简单的事，就会趋于实行恐怖统治。既然在善的制度中不允许存在恶，那么当有人违反这个制度时，就只能说明他是非理性的，而且在伦理学上，有必要通过一切手段打击这种非理性行为。那么，理性就授权自己去镇压那些持不同政见者。然而，当它忽略了自己的初始目标——创建一个无冲突的、个人在道德和法律上平等的互动集体，并

努力通过彻底消除差异来产生平等——时，那么理性就做得过
分了，而且使自己成为了恶的辩护者。理性呈现出越来越多的
技术性和实用性，个体在理性支配下变得越来越类似，他的个
性和个人隐私同样也将消失，直到最后产生了一个统一的社
会，它是根据一台运转顺畅的机器模型得来的，善在其中体现
为目的合理性、效用和效率——以自由为代价。

人们几乎可以说，实践理性对人类自己的原则，即自由的
原则感到绝望，并最终会退化，因为它试图通过武力千方百计
地铲除自由的一面——恶，目的是只留下另一面——善，由此
就消除了整体的自由，并以奴役原则取而代之。以魔驱鬼的
尝试是不可能成功的——这是20世纪反乌托邦的基础性认识。
尤金·扎米亚金（Jewgenij Samjatin）在他的小说《我们》中
让主角——工程师D-503说道："人的自由等于零，那么他就不
会去犯罪。这是很明白的。要使人不去犯罪，唯一的办法，就
是把人从自由中解放出来"（《我们》）[1]。为了让人类自保，必须
将他们"从自由的蛮荒时代"中解脱出来，并且"置于理性的
良性桎梏之下"（出处同上）[2]。理性所要求的绝对平等可以在集
体中得以实现，但其中的成员只能是号码，而这些号码本身没
有任何意义。D-503将集体中个体的毁灭称赞为"全体对个人，

1　尤金·扎米亚金著，顾亚玲、邓蜀平、刁少华译：《我们》，作家出版社1997年
版，第36页。——译注
2　同上，第3页。——译注

是总和对个人取得胜利"（出处同上）[1]。在这个由"大恩主"统治的高度技术性的"大一统王国"中，一切都发生在公共场合，每个号码的日常工作都是完全规范的——从工作到性。所有的过程都要经过数学计算；即使是在构想道德原则时，也会凭借逻辑的净化能力使这些原则可以准确预测和控制人类以及他们的行为。在国家周围筑起的绿色玻璃墙被认为是人工对自然的胜利象征。"这是最最伟大的发明。当人筑起第一道大墙时，人才不再是野性的动物。当我们筑起绿色大墙时，当我们用这道大墙把我们机械的、完美的世界，与树木、禽鸟的世界——不理智的、乱糟糟的世界——隔绝的时候，那时人才不再是野人"（出处同上）[2]。

　　值得注意的是，想象力在《我们》中始终受到压制。沉迷于幻想中的人，或者是有的人身上只能辨认出最少的真实性和创新独立性特征——这样的人都被认为是病态的。他的身上已经产生了一种灵魂，人们通过手术将大脑中的幻想碎片移除，由此迅速消灭了这种灵魂。如果这也没有什么用的话，那么唯一留给当事人的就是一个巨型杀人机器，由大恩主操作，在几秒钟内就可以将犯罪人溶解；他所剩下的就只是一小坑化学纯净水。在一次这样的处决之后，D-503在他的日记中激动地

---

1 尤金·扎米亚金著，顾亚玲、邓蜀平、刁少华译：《我们》，作家出版社1997年版，第46页。——译注

2 同上，第90页。——译注

记道:"这不过是物质的分解,不过是人体原子的分裂。但是它每次都奇迹般地象征地显示着大恩主非人的伟力"(出处同上)[1]。I-330跟玻璃墙之外的一群来自旧世界的热爱自然的人有接触;D-503是一名火箭工程师,对大一统王国来说是一个特别重要的人物。D-503由于与反叛的I-330之间的关系而被扔出了轨道,就如同人们放弃了他一样。因此,人们通过一次手术剥夺了在他身上新发现的——在两种生活形式之间进行选择的——自由。之后,他再次成为他在故事开始时的忠实的王国公民,并且无动于衷地出席了对前爱人的拷问活动,因为他明白:

> 对人类真正的、代数的爱,必定是反人性的,而真理的必然标志,是真理的残酷。难道有不灼烧人的火吗?……在天堂任何人都不知道什么是愿望,什么是怜悯,什么是爱。天堂里的天使是幸福的,他们被摘除了幻想(正因为如此他们才幸福),是上帝的奴隶……(出处同上)[2]

> 上帝曾经让天堂里那两位作出自己的选择:或者选择没有自由的幸福,或者选择没有幸福的自由,

---

1 尤金·扎米亚金著,顾亚玲、邓蜀平、刁少华译:《我们》,作家出版社1997年版,第48页。——译注

2 同上,第204、205页。——译注

第三种选择是没有的。他们这两个傻瓜选择了自由。
那还用说，明摆着的——后来一代又一代人对脚镣
手铐想得好苦。您明白吗，对手铐脚镣的相思——
这才是世界性的悲哀。有好几百年啊！只有我们才
重新认识到，如何使幸福回归……不，您再听我往
下说！那时候的上帝和我们待在一起，坐一张桌子。
真的！是我们帮助上帝，才彻底制服了魔鬼——就
是他撺掇人去犯禁，去偷吃那害人的自由的禁果。
他是那阴险毒辣的蛇。可是我们抬起脚用大靴子照
它脑袋咔嚓一踩……好了，重新又有了天堂。于是
我们又像亚当、夏娃一样，无忧无虑，纯洁无瑕。
我们不必费脑筋去分辨什么是善，什么是恶。(出处
同上) [1]

旧的善与恶这组对立面是以个人自由为标准，现在取而代
之的是一种王国批准的超善——不允许个人做出选择。幸福是
诱饵，它使得奥尔德斯·赫胥黎（Aldous Huxley）在《美丽新
世界》(1932) 中描写的公民快乐地放弃自由。对于公民的操
纵开始于试管中的人工制造，并以死亡诊所的安乐死告终。在

---

1 尤金·扎米亚金著，顾亚玲、邓蜀平、刁少华译:《我们》，作家出版社1997年
版，第60页。——译注

两者之间存在着一段六十年的生活，这段生活按照固定的、永恒的轨道运行。通过对胚胎进行化学作用，对儿童实行新的巴甫洛夫反射标准和终身催眠暗示，人类被训练成听话的动物，不同之处在于决定人类的不是本性，而是"世界监事会"，它会根据全球利益做出需求分析并据此准备所需的人类材料。"上帝也是在接受人的指令"（《美丽新世界》）[1]。因此，对个人来说，所有的事情从一开始就是设定好了的，这使他不必做出个人决定。"他们的生活轨道早就铺好了，这是他们命中注定的"（出处同上）[2]。这种秩序井然的生活方式的好处在于，消灭了恶。没有谁是另一个人的敌人，也没有人羡慕别人的某些东西，因为每个人都拥有同样的东西。虽然由于社会分工的原因，人被分为五类——从聪明的 α 到弱智的 ε，但是每个人都基于自己受过强化的种姓意识而满足于他的生活形式，因为作为标准化的奴隶，他喜欢做自己必须要做的事。偶尔出现的轻微抑郁情绪或意外并不会损害所有人的巨大幸福，因为它们随时可以通过国家发放的兴奋药物唆麻得以消除。

在这个美丽新世界里，"旧"道德的伦理学原则不再是应然原则，而是成为了具有稳定性的自然规律。"从物理化学上

---

1 奥尔德斯·赫胥黎著，王波译：《美丽新世界》，重庆出版社2005年版，第232页。——译注

2 同上，第218页。——译注

讲，人生下来都是平等的"（出处同上）[1]。"性格特征是相伴终生的"（出处同上）[2]。"大家都属于彼此"（出处同上）[3]。"每个人如今都是幸福的"（出处同上）。平等、可靠、博爱、幸福——这是一个正义国家公平对待所有公民并使他们过上没有恐惧、疾病、焦虑或贫穷的美好生活的支柱。但这些原则的有效性得益于自由的丧失。人们只能通过旧世界的记录才能知道个人的自由和民主，而这些记录被轻蔑地搁置在一旁。"不称职的自由，受苦的自由，不合时宜的自由"（出处同上）[4]。"野人约翰"来自一个保留区，这里生活的都是旧世界的人类，他们像动物园里的动物一样被保留了下来，他因为读过莎士比亚的作品仍然有一种自由的想法，当他面对新世界的监督委员会时，至死都在固执地捍卫自由的理念：

> "我要的不是这样的舒服。我需要上帝！诗！真正的冒险！自由！善！甚至是罪恶！""实际上你是在要求受苦受难的权利。""随便你怎么说，"野蛮人挑衅地说，"就算我现在是在要求受苦受难的权利

---

1 奥尔德斯·赫胥黎著，王波译：《美丽新世界》，重庆出版社2005年版，第67页。——译注

2 同上，第50页。——译注

3 同上，第40页。——译注

4 同上，第42、43页。——译注

吧。""那你是不是也需要衰老、丑陋、阳痿、梅毒、癌症、饥饿、伤病这些丑陋的东西，甚至你也希望总是在担心明天有不可预知的事发生，或者你还需要遭受种种难以描述痛苦的折磨呢。"接下来是长久地沉默。"是的，这一切我都要。"野蛮人终于开口了。(出处同上)[1]

野蛮人激烈控诉的是做出自由选择的权利，他知道善的反面是恶，与之相关的是所有严重影响生活质量的弊端。野蛮人在美丽新世界里看到的以人类尊严为代价所换来的幸福实则为恶，比起这种恶，他更喜欢那种自由可能带来的恶。即使通过对人类本质进行一些看似不那么激烈的干预，例如用行为心理学的手段，能够成功构建一个没有侵略的社会——正如伯尔赫斯·弗雷德里克·斯金纳 (Burrhus Frederic Skinner) 在他的乌托邦著作《沃尔登第二》(*Walden Two*) 中所描述的那样，那也不能忽视这样一个事实，即把全部集体成员都调整为善的措施是不人道的，甚至是非人的，因为它们意味着粗暴镇压自由。小说的主角——行为主义研究者弗拉兹尔 (T. E. Frazier) 进行了"沃尔登第二"这个项目。他在为自己对人类进行的这

---

1 奥尔德斯·赫胥黎著，王波译：《美丽新世界》，重庆出版社2005年版，第236、237页。——译注

项实验进行辩解时，指出他试图积极地强化各个当事人真正想要的东西，这样的话他们根本不会觉得不自由。但是随之而来的这种受操纵的和平共存还是得归因于一种微妙的暴力形式，因此不能将其冒充为成熟的、自我决定的个人表现。

> 我们可以进行某种监督，被监督者虽然在监督之下要服从比之前旧系统中更为严格的守则，但是会感到自由。不过，他们觉得自由。他们做他们想做的事，不做自己被迫做的事。这正是蕴含在积极强化中的巨大力量的根源——这里没有反抗和起义。……只要有身体或心理上的反抗，就会产生自由的问题。尽管如此，没有反抗的话依然没有自由。并不是没有干扰，而是没有暴力的恶意胁迫使人感到"自由"。……通过巧妙的计划和使用明智的方法，我们增加了自由感。暴君利用自己的权力时必须为别人着想。如果他采取措施破坏了人类幸福的最终总和，他的权力会自动减少相同的数额。您希望用什么更好的方法来约束一个恶意的暴君呢?(《沃尔登第二》)

消极强化，即禁令、痛苦或惩罚威胁，并不能阻碍人们作恶，这一经验促使弗拉兹尔去尝试相反的做法——他加强个人利益，同时并予以引导。人们可以用强化的方式尽情去实现自己的愿望，但是只能使公共利益受益，而不能造成伤害。最后，人们不想损害公共利益——不是为了公共利益，而是为了自己本身，因为这样人们就可以更好更成功地实现自己的愿望。实现这个条件的"诀窍"就在于没有必要对人类进行道德教育，同时接受由于目光不敏锐、顽固不化和恶意而导致的所有失败和失望。确切地说，将利己主义诉求与集体福利联系起来使得双方都从中受益，这就足够了。在满足自我利益时，由于个体没有意识到自己受到控制和利用，所以他有这样的印象：自己的行为是自由的，完全是在按照自己的意愿做自己想做的事。

在善方面对人类进行系统性欺骗，并且使他们相信能够随心所欲——这在道德上是很有争议性的。不看这一点的话，那么关键的就是促使某人在幕后操纵这一切的动机了。因此，弗拉兹尔必须接受这样的指责，即他不相信人的善，他只是为了满足个人的权利利益而执行他的这一项目，这当然又证实了他积极强化的理论。因此，弗拉兹尔完全承认他是独裁者，但是："没有甚于上帝。或者更确切地说：不及上帝。总的来说，我让事物自由运行。我从来没有干预，没有用一场大洪水消灭恶行。我也没有派先知去表明我的意愿或者保护人类。我已经在原来的计划中考虑到了偏差并为此拟定了自动更正。至少这是对《创世记》的改进"（出处同上）。因此，与上帝相比，弗拉兹尔显示出优越性。这种优越性就在于他拿走了上帝赐给人类的自由，虽然他也必须要知道，这样人类就不能在善与恶之间做出选择。弗拉兹尔则是在《沃尔登第二》中以一种表象自由让人类感到高兴，而他作为一名行为科学家，可以利用刺激和反应机制的方式来统治集体，从而可以无限地实现自己的权力野心，而同时被统治者却不会有这样的感觉，因为每个人都认为自己就是一个统治者。

乌托邦是对未来的构思，但并不是说它们将完全按照一比一转变为现实。只要是向人类展示出他们是谁，他们可能成为什么样的人——善的以及恶的，那么乌托邦所关注的事就是进行启蒙教育。伦理学的实践理性或技术实用理性会针对各种生活形式进行试验，这种理性构思即为乌托邦，在这其中人类被迫思考合乎自身尊严的未来，而且现在就必须为其确定好方向。汉斯·约纳斯不接受马克思主义类型的乌托邦，因为他认为构建一个自由国度——在这个领域里存在着一个全新的，但是前所未有的"真正"人类——是一个人类学错误，但是由于在技术方面已经存在冲破束缚的进步思维，因而他倡导"忧惧启迪法"（Heuristik der Furcht），这一点与现代反乌托邦一致："因为我们是这样被创造出来的：对我们而言，认识恶绝对比认识善容易……。恶的到来我们不会不知道，而对善，我们却要通过对它反面的经验才有察觉。……我们对自己不想要的比想要的知道得要快得多。"[1]（《责任原理》）根据约纳斯，人们可以没有至善而生活，但绝不可带着极恶而生存（出处同上），因此，在构想一个完美的乌托邦式世界之前，必须优先预测灾祸，以便尽一切努力防止发生最糟糕的事情，即人类的自杀。人们天真地以为会有那么一天，那时人类只会听从自己的伦理学实践理性，并将为了善而行善。对此，瓦尔特·舒尔茨（Walter Schulz）还警告说，这是低估了恶的事实。他回顾了伦理学上的这个无法解决的悖论：

> 很显然，如果伦理学没有真正为成功优化人类而努力，那么伦理学将只是一个不会产生精神结果的智力游戏。但是我们永远无法终结从一开始就在历史居于统治地位的恶。不否认这一认识并且表现得就好像人类有朝一日将会变得更好，这就是支配所有伦理学的悖论。（《变动世界中的哲学》）

古典空想家的错误之处在于，他们认为自己可以一劳永逸地实现善，而不产生恶。当代的反乌托邦指出，变成恐怖主义的实践理性会带来一些后果。但是，如果将人类的基本能

---

1 汉斯·约纳斯著，方秋明译：《责任原理——现代技术文明伦理学的尝试》，世纪出版有限公司2013年版，第73、74页。——译注

力之一——感性、常识、智力、理性——绝对化并将其提升为判断善与恶的唯一精神结构，那么人类工程似乎总是处于危险之中，结果就是人类的内心分裂，从而导致变得野蛮。乔纳森·斯威夫特（Jonathan Swift）在他的长篇讽刺小说《格列佛游记》（*Gullivers Reisen*）（1726）中对此进行了实例描述。格列佛在他的游记过程中共认识了四种乌托邦式的社会形式。第一个国家叫利立浦特（Lilliput）——小人国，斯威夫特在其中揭露了宫廷礼仪的道貌岸然，并讽刺了他们的阴谋。在决定一个人的性格是好还是坏时，具有决定性意义的是这一类问题，比如是从钝端还是尖端打破鸡蛋。这里的人们要特别具备像绳上舞蹈、跳跃和爬行这样的技能才有资格担任最高级别的政治职务。

格列佛遇到的第二个社会是巨人国——布罗卜丁奈格（Brobdingnag）。当他在那里讲述盎格鲁-撒克逊人的故事时，统治着一个和平民族的巨人国王越来越对此感到惊讶。持续不断的战争、谋杀和死亡、叛乱、革命以及更多类似的恶事使他惊诧万分，他激烈地说道："你们的同胞是自然界中爬行于地面的小毒虫中最有害的一类。"[1] 布罗卜丁奈格没有纠纷和冲突。"谁要能使本来只出产一串谷穗、一片草叶的土地长出两串谷

---

1 乔纳森·斯威夫特著，张健译：《格列佛游记》，人民文学出版社2000年版，导读、第3页。——译注

穗、两片草叶来，谁就比所有的政客更有功于人类。"[1]国王对善与恶的概念进行了如下阐释："对于我来说，所有的管理技能都是由几个非常简单的原则构成：健全的理智、理性、公平和善良。"

斯威夫特希望通过格列佛前两次到利立浦特和布罗卜丁奈格的游记展现出人类以及人类价值观的相对性。一切都只是相对的大或者小，通过主角本人清楚表明了这一点。在利立浦特这个国家，他能够毫不费力地将整个船队拖曳在他身后，而在巨人国，蚊子和苍蝇成为了他的致命威胁。如果在利立浦特的小人身上看到的是堕落的、沦为平庸的道德，那么在布罗卜丁奈格的巨人身上看到的就是一种粗犷、自然的道德形式。

格列佛的第三次航行将他带到了科学家和学者的社会——勒皮他（Laputa）王国。勒皮他是一个漂浮在大陆上的浮岛，它的居民都是如此沉迷于科学，以至于他们既不能进行最简单的实践活动，也不能进行人际关系交往。他们有一只眼睛向里凹，另一只眼睛看向天空，事实上，这样他们就避开了需要得到满足的人类日常需求领域。勒皮他国王由于对数学的深入研究而完全忘记了管理国家。因为没人在乎，田地休耕，房屋倒塌，后果就是一片荒芜。至少，勒皮他仍能正常控制自己下边

---

1 乔纳森·斯威夫特著，张健译：《格列佛游记》，人民文学出版社2000年版，导读、第10页。——译注

的国家，善与恶的范畴在这些国家适用。当勒皮他人为之提供生活必需品时，那么这些国家的居民就会表现得很好。然而，如果他们反抗的话，勒皮他人会以恶制恶：他们直接把他们的浮岛引导到叛乱分子的领土上空，切断这个地区的太阳和雨水，由此导致农作物歉收和流行病进入相关国家。如果这样做也没有用的话，那么勒皮他会让自己下降到这个地区压碎它。

斯威夫特批评勒皮他的地方是对研究的绝对信仰和对技术进步的重视，结果导致人们越来越远离自己的道德和政治责任，而与此同时他们的身体需求也在消失。他们没有抽出必要的时间进行非科学方面的讨论。为了缩短议会中达成共识的过程以及避免双方之间的对峙，人们将各对手的枕骨部锯下来，然后彼此互换。通过这种方式，意见不一致的大脑半球可以在公开投票之前在同一个头骨下互相交流各自的偏好。

在格列佛的第四次也是最后一次旅程中，他被放逐到了慧骃国（Houyhnhnm）——高贵的马的王国，在这里，人类如同禽兽般野蛮，沦落为可怜的脏鬼，能做的就只是奴隶劳动。耶胡（Yahoo）是遭到鄙视的，并且发出恶臭，它们以令人厌恶的外表呈现出动物性、非理性和不可控性，而慧骃则是理性的化身：能够思考和说话的生物，完全受理性控制并且冷静克制。他们没有坏习惯，也不知道恶。格列佛很久以来一直在努力向他们解释"不存在的东西"，因为他们没有谎言这个词，同样他们也不明白格列佛所说的权力、战争、暴力、爱情、仇恨的含义。慧骃没有本能，也没有感觉。他们的行为纯粹是受理性支配，它们既不需要国家也不需要法律，因为没有任何东西是理性所不能控制的。

这四个乌托邦含有的寓意分别是：像利立浦特中的人类，如果被看作是纯粹的感性生物，即让自己的理性能力为享乐服务，那么人类就会变得荒谬而微不足道。狡诈、欺骗和阴谋可以实现感官满足，根据满足的程度来衡量善与恶。到了布罗卜丁奈格的常识层面上，智力并不是隶属于感性，而是平等并列的，从而就在两者之间建立起了平衡。但是这个常识只达到了平均水平：它不是一个特别精细的工具，而是会让力求达到的善变得粗劣。巨人是不灵活的，因此他们无法有针对性地准确行动。从经验法则来看，他们所拥有的少数的善、恶原则可以使之有一个粗略的定位，这样的话，只要常识对个体的要求是人人只需实现平均水平的善，那么巨人至少可以在善良的基础上过着没有冲突的生活。在勒皮他，智力胜于感性——对自然需求和对他人的苦难承受力都造成了毁灭性后果。这里的人只是为了科学而研究科学，由此产生的技术发明没有任何实际意义。如果将不辨善恶、只对知识真理感兴趣的纯粹理性绝对化，那么人类就会变得不正常并且成为一个怪物。最后，在马匹中形成的纯粹理性似乎终于回答了格列佛至今都在徒劳寻找的意义问题。乍看之下，这个社会提供了在其他三种社会制度中所缺失的一切：一个基于和睦友好和相互仁爱的、没有任何

冲突的、极其完美的国家。礼貌和礼节决定了人类之间疏远的
互动形式，每个人都可以在实际中自然、轻松地运用这些形
式。根据纯粹理性原则，婚姻是在相互尊重的基础上缔结的，
对儿童的教育完全是不能感情冲动的。人类因为不知恶而去自
我行善，占主导地位的理性消除了人类的渴望，由此使得恶不
再是人类的替代性选择。格列佛感觉到自己受到慧骃的吸引，
因为在他们这里终于过上了他之前一直找寻不到的一种很有意
义的生活。但他仍然觉得他们的这种生活方式不幸福，因为他
意识到，这种生活方式需要超人般的能力，而这是他不具备
的。为了能够像慧骃一样以更理性的方式生活，人们必须放弃
一切感性的东西，即便如此，耶胡身上仍然始终存在着一种属
于人类的必备特征，尽管它不一定是以耶胡身上所发现的这种
退化形式存在。格列佛因为无法实现善而感到绝望。他仍有所
不知的是——慧骃的社会也是需要批评的，它的静态高贵里含
有一些不人道、毁灭人类的东西。纯粹理性绝对化是需要牺牲
品的。因此，慧骃只能完全凌驾于事物存在，因为他们已经杀
死了自己所有的激情和感官需求，并且同时将它们转移到耶胡
身上，耶胡——比利立浦特人的生活形式还要不理性，甚至低
于动物的本能主导行为——变得粗野、堕落，肆无忌惮地放纵
自己无拘无束的欲望。慧骃把超出自己想象力的，即所有那些
纯粹理性无法理解的，都看作是毫无价值的事物。慧骃反思自
己是否不应该消灭那些臭味变得越来越难以忍受的耶胡——这

表明，伴随着他们的完美，同时出现的还有自以为是以及不容忍任何不符合他们标准的事物。

斯威夫特所描述的这四种畸形的乌托邦式的社会共同体形式是属于一体的，并且令人印象深刻地表现出人类分裂的致命后果，这会产生以感性、理性、常识或智力等单一原则为导向的非人性生活形式。只要这种分裂妨碍了人类的整体形象，即承认人类的能力具有同等价值，那么恶就会由此产生。个人也就因此变成一个激烈的战场。无论这些原则——享乐、平均收益、理性计算、纯粹公平——中的哪一个最终赢得胜利并因此成为善与恶的精神结构，都是通过驱逐、压制或歼灭对手来取得的胜利，这就否定了人类存在的本质条件。由于失败者一再抗议，重新提出自己的合法要求，所以个体会在自己的一生中与自己作战，因为他不能满足对于自我存在来说重要的那些渴望以及全面实现自我，而且这场战争的发生地点也会从自身内部一直向外延伸，他会跟其他个人、社会和人类以外的自然中所存在的——他自身认为应该消灭的——东西做斗争。所有的敌人形象都来源于此：我所宣战的敌人就是我自己。我把自身的恶看作是一个独立于我之外的概念，并且把它投射到别的东西上，然后我千方百计与之进行斗争，这样我就洗清了自己的一切罪恶，在我本身和我的行为上就只留下了所谓的善良。

当不喜欢恶邻居时……

我们已经试着从不同侧面研究了善与恶的问题，从日常语言、自然科学和人文科学的角度对其进行了分析，同时得到了非常有启发性的信息。但是人们对于这个问题至今还没有找到一个确定的解决办法；善与恶终究仍是一个谜。也许这个问题就跟奥古斯丁所说的时间问题相似——当没有人问他时，他知道时间是什么；但只要他必须解释什么是时间时，他就不知道了（《忏悔录》）。所以在行动时，我们对善与恶始终有着一个直观的认识。我们知道不应该故意伤害任何人，不能恶意给他人造成损失，举止要随时保持体面，而且最重要的是尊重个人自由的权利。我们也知道这一点，尤其是当我们违反了道德的游戏规则时，那么"良知"中就会产生不法意识，它提醒我们已经离开了善之路，而且自身变得有罪了。我们习惯判断一些行为是有害的，在严重情况下是恶的，只有当我们发现某人有这样的行为，他却显然没有任何罪恶感时，我们才会产生这个问题——善与恶究竟是指什么。既然道德上的制裁和惩罚不应该是一个随意的专横行为，而是要依循合法性要求并且证明对被指责者所采取的行为是正确的，那么现在我们就不得不为自己做出的道德判断说明理由。

道德和法制以编纂形式概括出准则和法律，它们则明确表明了互动社区中的哪些行为模式是极好的实践形式以及哪一些因为不道德或违法会被人们禁止。它们是以协议为基础的，因为这种身份不明的名为人类的动物，在没有本能作为方向感的情况下，必须通过自我制定的行为规则来确定本质，以便生存和尽可能好地生活：他自己无法实现的目标，只能在集体中得以实现。准则和法律决定了我们对集体所应负的责任，因为集体保证了我们的生存和福祉，而当商定出的规则危及或限制个人自由时，自由宪法则负责随时能够对其修订。

既然促使集体存在，恰好也是个人的利益所在，那么是什么阻碍了个人真正做到这一点呢？善的哪方面使他受到挫折，又是恶的哪方面使他得到满足呢？人类之谜最终在恶的问题上变得越来越难：尽管人类知道做他们不应该做的事情会错失善以及错失自我，为什么仍然还会这样做呢？为什么道林·格雷每天都可以在那幅代替自己老去的画像中观察到自己罪恶的痕迹，但仍不放弃他那放荡的犯罪生活呢？[奥斯卡·王尔德（Oscar Wilde）：《道林·格雷的画像》，1891] 是什么让受人尊敬的杰基尔医生在晚上化身成海德先生这样的一个怪物去四处作恶呢？[罗伯特·路易斯·斯蒂文森（Robert Louis Stevenson）：《化身博士》，1866] 难道是对于永生的渴望误导了那些不相信死后仍有生命的人，让他们以为，作为补偿，自己必须最大限度地享受生活，甚至是极端对立的经历也是为了扩大认同吗？善应该赋予生命意义，从而使人类能够承受生命中的突发事件。但恶也是应对突发事件的一种形式，因为它使当事人获得了一种禁忌之乐，而这又完全是当事人通过他自己的——超出了普通规范中的正常值的——个人能力创造出来的。恶中含有类似于自主性的事物，它使得犯罪分子觉得自己是世界的主宰，因为随着他距离善越来越远，自身对残忍的渴望和对毁灭的欲望也日益增加，通过增强这种敌对关系能够增强他的自尊。

事实表明，解释恶之起源的各种尝试总是在自由原则受到威胁的情况下陷入僵局。如果人类都是由基因决定的，那么就不得不停止讨论善与恶，因为没有人需要对自己的行为负责。如果人类是自由的，那么就无法解释为什么他即使已经认识到善，但仍总是或偶尔选择行恶。人类之谜无法从科学角度进行解答。然而，这些解决方案并不是多余的，因为它们引领我们深入到这个谜之中。我们的这个全球紧密相连的世界比以往任何时候都面临更大的威胁，在这个背景下，这些解决方案被迫重新思考自己的意识诉求。如果细节中藏着魔鬼，那他无疑会使整体垮台。

结束语

摩里茨·科奈里斯·埃舍尔（Maurits Cornelis Escher）试图在他的平版画《解放》中用艺术的方法来解答人类之谜。当人们回顾进化的最初意义时，即为了读懂一个羊皮纸卷上的文字而将其展开，那么这张图生动地展现了回到生命起源的方式。因为卷轴没有充分展开，所以只能看到开始于一片黑暗之中，这样就看不到整体的起点了。在隐藏的不可见内容中，根据首先可见的部分，我们只能假设那是一片无法穿透的黑暗。如果我们从下往上看这张图，首先映入眼帘的是两个方面：一方面，起初是一片模糊的灰蒙蒙，在它分化的过程中，黑白界限越来越明显。与此同时，互补图形之间的对比越来越多地变成了它们本身之间的对比：黑鸟呈现出白色的特征，白鸟呈现出黑色的特征。

另一方面，随着对比度的提高，形状的变化也随之而来：从最初的千篇一律中发展出了越来越多不同的形状，直到最后产生了真正的个体。在这张图的中间和上三分之一处之间，明显存在着空隙，对此我们可以断定出现了一个重大转折，即文化进化开始脱离生物进化。被释放的鸟不再依据基因决定论以白色或黑色为主，而是二者兼有。通过运用自由，个体知道善与恶是采取自我决定行为的伦理条件。因此，他们本身就带着自由的矛盾性。

参考文献

Literaturverzeichnis

Zitierte Autoren

Aristoteles: Politik, Hamburg 1981

Augustinus, A.: Bekenntnisse, Stuttgart 1993

Austin, J.L.: Zur Theorie der Sprechakte, Stuttgart 1972

Ayer, A.J.: Sprache, Wahrheit und Logik, Stuttgart 1970

Bernhart, J.: Das Böse, in: Handbuch theologischer Grundbegriffe, 4 Bde., hg. v. H. Fries, München 1962, Bd. 1, 213–226

Bacon, F.: Neu-Atlantis, in: Der utopische Staat, hg. v. K.J. Heinisch, Reinbek 1960, 171–215

Campanella, T.: Sonnenstaat, in: Der utopische Staat, hg. v. K.J. Heinisch, Reinbek 1960, 111–169

Camus, A.: Die Gerechten, Dramen, Reinbek 1962, 187–234

Dawkins, R.: Das egoistische Gen, Berlin 1978

Descartes, R.: Meditationen über die Grundlagen der Philosophie, Hamburg 1959

Freud, S.: Neue Folge der Vorlesung zur Einführung in die Psychoanalyse, in: Gesammelte Werke, 18 Bde., Frankfurt am Main 1944, Bd. XV

–: Totem und Tabu, Frankfurt am Main 1956

–: Das Unbehagen in der Kultur. Abriß der Psychoanalyse, Frankfurt am Main 1953

Fromm, E.: Psychoanalyse und Ethik, Frankfurt am Main 1978

Hare, R.M.: Die Sprache der Moral, Frankfurt am Main 1972

Huxley, A.: Schöne neue Welt, Frankfurt am Main 1978

Jonas, H.: Das Prinzip Verantwortung. Versuch einer Ethik für die technologische Zivilisation, Frankfurt am Main 1979

–: Der Gottesbegriff nach Auschwitz. Eine jüdische Stimme, Frankfurt am Main 1987

Kant, I.: Über das radikale Böse in der menschlichen Natur, in: Die Religion innerhalb der Grenzen der bloßen Vernunft, Hamburg 1956, 17–59

–: Grundlegung zur Metaphysik der Sitten, Stuttgart 1963

Katechismus der Katholischen Kirche, München 1993

Kierkegaard, S.: Entweder-Oder, 2 Bde., Düsseldorf 1964–67

–: Der Begriff Angst, Düsseldorf 1965

Lactantius, L.: Vom Zorne Gottes, München 1974

Leibniz, G.W.: Die Theodizee. Von der Güte Gottes, der Freiheit des Menschen und dem Ursprung des Übels, Philosophische Schriften, Bd. 2, Darmstadt 1985

Lorenz, K.: die Rückseite des Spiegels. Versuch einer Naturgeschichte menschlichen Erkennens, München 1973

–: Das sogenannte Böse. Zur Naturgeschichte der Aggression, München 1983

Marcuse, H.: Versuch über die Befreiung, Frankfurt am Main 1969

–: Triebstruktur und Gesellschaft. Ein philosophischer Beitrag zu Sigmund Freud, Frankfurt am Main 1970

–: (zus. mit R.P. Wolff/B. Moore): Kritik der reinen Toleranz, Frankfurt am Main 1970

Mohr, H.: Natur und Moral. Ethik in der Biologie, Darmstadt 1987

Moore, G.E.: Principia ethica, Stuttgart 1970

Morus, T.: Utopia, in: Der utopische Staat, hg. v. K.J. Heinisch, Reinbek 1960, 7–110

Nietzsche, F.: Sämtliche Werke. Kritische Studienausgabe, 14 Bde., Berlin 1980; Zur Genealogie der Moral: Bd. 5; Die Fröhliche Wissenschaft: Bd. 3; Jenseits von Gut und Böse: Bd. 5; Also sprach Zarathustra: Bd. 4

Plack, A.: Die Gesellschaft und das Böse. Eine Kritik der herrschenden Moral, Frankfurt am Main 1977

Platon: Sämtliche Werke, 6 Bde., Hamburg 1958–60; Phaidros: Bd. 4; Politeia: Bd. 3

Plotin: Enneaden, Schriften, übers. v. R. Harder, 6 Bde., Hamburg 1956

Ross, W.D.: The Right and the Good, Oxford 1930

Ruse, M.: Noch einmal: Die Ethik der Evolution, in: Evolution und Ethik, hg. v. K. Bayertz, Stuttgart 1993, 153–167

Samjatin, J.: Wir, Köln 1984

Schelling, F.W.J.: Über das Wesen der menschlichen Freiheit, Stuttgart 1983

Schiwy, G.: Abschied vom allmächtigen Gott, München 1995

Schulz, W.: Philosophie in der veränderten Welt, Pfullingen 1972

Searle, J.R.: Sprechakte. Ein sprachphilosophischer Essay, Frankfurt am Main 1969

Skinner, B.F.: Futurum Zwei. „Walden two". Die Vision einer aggressionsfreien Gesellschaft, Reinbek 1982

Spinoza, B. de: Ethik nach geometrischer Methode dargestellt, Hamburg 1955

Stevenson, C.L.: Ethics and Language, New Haven/London 1968

Stevenson, R.L.: Der seltsame Fall des Dr. Jekyll und Mr. Hyde, Berlin 1968

Swift, J.: Gullivers Reisen, Frankfurt am Main 1974

Vogel, Ch.: Gibt es eine natürliche Moral? Oder: wie widernatürlich ist unsere Ethik?, in: Die Herausforderung der Evolutionsbiologie, hg. v. H. Meier, München 1988, 193–219

Wilde, O.: Das Bildnis des Dorian Gray, Berlin/München 1967

Wright, R.: Diesseits von Gut und Böse. Die biologischen Grundlagen unserer Ethik, München 1994

Wuketits, F.: Gene, Kultur und Moral. Soziobiologie Pro und Contra, Darmstadt 1990

–: Verdammt zur Unmoral? Zur Naturgeschichte von Gut und Böse, München 1993

Ergänzende Literatur

Colpe, C./Schmidt-Biggemann, W. (Hg.): Das Böse. Eine historische Phänomenologie des Unerklärlichen, Frankfurt am Main 1993

Dalferth, I. U.: Das Böse. Essay über die Denkform des Unbegreiflichen, Tübingen 2006

Holzhey, H./Leyvraz, J.-P. (Hg.): Die Philosophie und das Böse, studia philosophica 52, Bern 1993

Keen, S.: Gesichter des Bösen. Über die Entstehung unserer Feindbilder, München 1993

Kohler, G.: Über das Böse, das Glück und andere Rätsel. Zur Kunst des Philosophierens, Zürich 2005

Martens, E.: Zwischen Gut und Böse. Elementare Fragen angewandter Philosophie, Stuttgart 1997

Neiman, S.: Das Böse denken. Eine andere Geschichte der Philosophie, Frankfurt 2004

Pieper, A.: Das Gute, in: Philosophie. Ein Grundkurs, hg. v. E. Martens/ H. Schnädelbach, 2 Bde. Reinbek 1991, Bd. 1, 262–305

Riedinger, M.: Das Wort ‚gut‘ in der angelsächsischen Metaethik, Freiburg/München 1984

Safranski, R.: Das Böse oder Das Drama der Freiheit, München / Wien 1997

Schulte, C.: radikal böse. Die Karriere des Bösen von Kant bis Nietzsche, München 1988

Schuller, A./Rahden, W. von (Hg.): Die andere Kraft. Zur Renaissance des Bösen, Berlin 1993

译后记

一

　　安内马丽·彼珀于1941年1月8日出生于杜塞尔多夫,她是一位德国哲学家。彼珀先是于1960年开始在口译学院学习外语,然后在位于萨尔布吕肯的萨尔大学攻读哲学、英语和德语,并于1967年获得哲学博士学位。之后,她继续在萨尔布吕肯工作,但由于卡尔·海因茨·伊尔廷厌恶女性的态度而离开了这所大学。从1972年至1981年,她都在慕尼黑路德维希·马克西米利安斯大学担任讲师和哲学教授,并在巴伐利亚科学院谢林委员会担任编辑。此外,她还从事翻译工作。据她说,她的职业生涯由于自己的性别而长期不得志。从1981年到2001年,她在巴塞尔大学任教,担任哲学教授,是首批被该校聘任的女性教授之一。在60岁的时候,彼珀做出了一个非同寻常的决定——提前退休,她说"在大学任教35年,这已足够",此后她继续研究哲学并创作长篇小说。她还曾在让·赫斯的领导下担任卡尔·贾斯珀斯基金会的董事会成员,并担任《尼采书信全集》和德国尼采协会《尼采研究年鉴》的共同编辑。2013年她获得了玛格丽特·埃涅尔博士基金会(Dr. Margrit Egnér-Stiftung)颁发的奖项。

　　彼珀的主要研究领域是伦理学、存在主义哲学、女权主义和理想主义。她的《伦理学概论》是伦理学领域的重要著作之一，在该书问世后的三十多年间，共以3种语言出版过34次。

安内马丽·彼珀的作品精彩纷呈：发表哲学著作10余部，比如《阿尔伯特·加缪》(1984)、《伦理和道德——实践哲学概论》(1985)、《伦理学概论》(1991)、《善与恶》(1997)、《有女性主义伦理学吗?》(1998)、《索伦·克尔凯郭尔》(2000) 等；著有《无所不知有限责任公司》(2006)、《撒旦的驱逐》(2010)和《不要问花在哪里》(2019) 3部长篇小说；身为编辑，共编写过9部作品，如《应用伦理学》(1998，与乌尔斯·图恩赫尔合编)、《哲学学科手册》(1998) 等；此外还有两本译著。彼珀的哲学著作鲜有中译版本，目前可查阅到的仅有《动物与超人之维：对尼采〈查拉图斯特拉〉第一卷的哲学解释》被译成中文并于2001年首次出版。

二

虽然安内马丽·彼珀年事已高且早已退休，但时至今日仍活跃在世界哲学舞台上。她不仅在大学，而且在校外活动中也会提出复杂的问题来引发思潮。比如在2006年出版的长篇小说《无所不知有限责任公司》中，虽然由于对经济发展粗暴以及过于简化的分析而使她受到了严厉批评，但她也在其中指出了弊病。她口无遮拦，公开讨论社会弊端，具有反思能力，这使得她在教育、社会老龄化、政治、意义和价值等问题的讨论中成为了一名受欢迎的演讲者。彼珀在瑞士担任电视台主持人，并由此广为人知。

根据彼珀所说，道德（Moral）和伦理（Ethik）的不同之处就在于：道德是基督教和西方价值观塑造的成长型价值体系。伦理与道德的关系就如同神学和宗教的关系。伦理学家会思考什么是道德。我们将每天所做的以及跟道德相关的许多事情都视为理所当然，比如帮助一位老妇人过马路或者帮一位母亲将婴儿车抬到电车上。但每当我们面对冲突，必须做出价值决定时，我们可能无法轻易做出正确选择。这时，伦理学就会起到很大的作用，它可以成为做出正确决策的工具。

在彼珀看来，善与恶是道德层面上的文字游戏。没有恶就没有善。她得出结论：自由是关于恶的起源问题的关键范畴，是通往恶的门户。如果想要一劳永逸地消灭恶，就必须废除自由，但由此也就除去了自由可能带来的善。自由将人类从进化的因果链中解放出来，使之拥有自我决定的行动可能。每个人都有自我决定的自由——这在人的权利中有明确的规定。如果自由观念具有任意性，那么就会带来暴力，"这会不可避免地导致发生所有人之间的战争"。我们在行使自己的自由时，不应损害他人的自由。对于她而言，如今人们共同商定准则和权力来限制个人自由，目的就是为了保护所有人的自由。过去，

"自主"（Autonomie）在政治层面上指的是一个国家进行自我管理，任何外国势力都不应干涉。现在，这种自主已经转移到个人身上，每个人都说"我有权利"，却忽视了自己的责任。因此在彼珀看来，伴随这种自由而来的是责任，二者密不可分。在如今开放的多元社会里，大家永远把"我"放在第一位，彼珀就此对自由进行了很多思考。她认为："幸福无法量化。"对她而言，幸福与每个人的自由息息相关，所以人人都是自己幸福的铸造者。这其中也蕴含着自我决定的思想，它对幸福至关重要，其实这也正是"自主"一词的含义。

安内马丽·彼珀跟卡尔·马克思观点一致，认为资本使社会分化，我们需要一个新的社会制度。她认为，只有在基本的伦理和道德价值观的基础上，才能使经济人重新社会化。追根溯源，伦理、经济和政治是互成一体的，它们是构成实践哲学的三个相关领域。

三

《善与恶》是安内马丽·彼珀的一部哲学著作，该书在1997年首次出版，之后于2002年、2008年多次再版。本书依据2008年第三版翻译。本书共有四章，分别从日常用语中的善与恶、科学角度解释善与恶的来源、哲学上对善与恶的解释以及善与恶的乌托邦构想等方面进行了阐述。在第一章中，彼珀通过列举我们日常生活中的实例，得出"善"具有描述性和评价性功能，由此将日常用语中的"善"分为两类——善本身和工具善。在此基础上，作者阐明了善与恶和道德的关系，并引出自由的概念。在对善与恶的日常使用中，人们习惯于非黑即白的思维模式，即非善即恶，而忽视了居于其间的"普通人"。在第二章中，彼珀尝试从科学角度解释善与恶的来源，主要从三个方面进行论述：从自然科学角度来看，人类的善与恶是由基因决定的，人类所思、所感、所想和所做的一切，根源上都是由基因决定的，因而人类自身是无罪的；社会科学和心理学则试图揭露社会结构的压制是恶的根源，心理要素和社会情况的好坏决定了人类的善与恶；而从神学的角度来分析，并非外部环境使人类堕落，而是人类本身的自我决定所导致的。因此，从不同的科学角度来讨论善与恶的起源问题，会得到大相径庭的答案。而所有的这三种解释，虽都有助于说明善与恶的起源，但都不足以令人满意。在第三章中，作者继续从哲学角度解释善与恶。在形而上学方面，一元论和二元论均有缺陷；接下来彼珀通过援引康德和克尔凯郭尔对善与恶的伦理分析阐述了这对道德对立面的起源，选择善或者反对善都是一种个人的自由行为；从意义理论分析角度来看，作者通过介绍尼采的观点，得出结论，词语的词源和它们在语言使用中的意义对研究善与恶是很有启发性的。第四章则是介绍了空想家为善与恶设计的乌托邦构想，旨在避免恶并促进善。不管是小说《我们》中的理性"号码"人类，还是《美丽新世界》中的试管人类，抑或是《格列佛游记》中的四种人类，均被剥夺了自由。乌托邦构想表明，即使是向善的教育也不能够防止恶的产生。要想成功，除非是通过生物技术上的操作来剥夺人类的自由。在本书的结尾部分，彼珀基于前四章做了总结：虽然从不同角度都对善与恶进行了分析，同时也得到了非常有启发性的信息，但是善与恶究竟是什么这个问题，至今还没有一个标准的答案。尤其是对恶的起源所做出的各种解释，一旦涉及到人类的自由原则时，就会陷入僵局。

吕晓婷

2018 年 3 月 29 日于泰安